Prof. Dr. med. Gustav Dobos

ESSEN FÜR DIE *Seele*

Prof. Dr. med. Gustav Dobos

ESSEN FÜR DIE *Seele*

Unter Mitarbeit von Dr. Petra Thorbrietz und
mit Rezepten von Martina Kittler

INHALT

REZEPTE, DIE UNS GLÜCKLICH MACHEN

DIE SYMBOLE BEI DEN REZEPTEN

- entzündungslindernd
- blutzuckerstabilisierend
- ballaststoffreich
- Omega-3-Bombe
- reich an sekundären Pflanzeninhaltsstoffen
- glutenfrei
- Superfood
- Gewürzbooster

BAUCHGEFÜHLE:

Wieso Ernährung unsere Stimmung beeinflusst

Sie kennen das bestimmt, das wohlige Gefühl, das zum Beispiel ein warmer Porridge am Morgen in Ihrem Inneren hinterlässt - als könnte man gefühlt noch mal unter die Bettdecke schlüpfen. Oder die Kraft, die eine scharf gewürzte asiatische Hühnersuppe voller frischer Kräuter durch Ihren Körper schickt - Energie bis in die letzte Pore! Allein schon der Duft nach Vanille oder Zimt beruhigt die Nerven. Und Nudeln lösen bei den meisten Menschen Glücksgefühle aus.

„Der Mensch ist, was er isst" - viele Menschen haben diesen Satz schon einmal gehört. Aber die wenigsten wissen, dass er von dem Philosophen Ludwig Feuerbach (1804-1872) stammt. Feuerbach kritisierte die bis heute übliche Überhöhung von Geist und Vernunft. Ohne die Materie der Nahrung, betonte er, könne es auch kein Denken geben. Sinn und Sinnlichkeit gehörten bei ihm zusammen: „Die erste Bedingung, dass du etwas in dein Herz und deinen Kopf bringst, ist, dass du etwas in deinen Magen bringst."

Das „Prinzip Bauch" aber ist natürlich viel älter als das 19. Jahrhundert. In der asiatischen Philosophie ist der Mittelpunkt des Menschen das „hara", Sitz des intuitiven Denkens und der Gefühle. Dieses Zentrum muss genährt werden, durch eine entsprechende Lebenspraxis, und dabei spielt das Essen eine wichtige Rolle. Die Nahrung nimmt daher in allen traditionellen Heilkunden, auch in der Naturheilkunde, einen weit höheren Stellenwert ein als in der modernen Medizin. Dort spielen zwar Inhaltsstoffe wie Vitamine oder Fettsäuren ebenfalls eine wichtige Rolle. Eigentlich aber geht es um die gesamte Haltung dem Essen gegenüber, seine soziale und ökologische Funktion - und immer wieder auch um die sinnliche Seite, die direkt an unsere Gefühle appelliert.

ERNÄHRUNG IST AUCH MEDIZIN

Krankheiten werden oft von Depressionen begleitet, vor allem chronische Leiden. Doch die psychische Seite rückt dabei oft in den Hintergrund vor den körperlichen Beschwerden. Nicht in der Naturheilkunde! Dort konnte ich in rund 25 Jahren immer wieder neu die Erfahrung machen, dass es den Patientinnen und Patienten als Erstes psychisch besser ging, nachdem sie stationär aufgenommen worden waren. Anfangs waren mein Team und ich verblüfft, schließlich behandelten wir sie internistisch-naturheilkundlich und nicht psychiatrisch. Doch dann wurde uns klar, dass unsere Ernährung diese kleinen Wunder bewirkte: Auf mein Betreiben hin war in der Klinik für Naturheilkunde in Essen, die ich viele Jahre leitete, eine eigene Vollwertküche eingerichtet worden, mit mediterraner Kost. Fleisch oder Fisch gab es einmal pro Woche. Seit einigen Jahren zeigen nun auch erste Metaanalysen, die einen Überblick über die Gesamtheit der Forschung geben, welche Rolle unsere Ernährung nicht nur für den Körper, sondern auch für unser Gehirn spielt. Dieser ganzheitliche Gesundheitsaspekt ruft nun auch die Universitätsmedizin auf den Plan: Inzwischen leite ich ein Zentrum für Naturheilkunde und Planetare Gesundheit, das sich zur Aufgabe gemacht hat, mediterrane Vollwertkost in die Uniklinik Essen einzuführen, als wichtige Basis der medizinischen Behandlung.

Dass die Ernährung auch unsere Psyche beeinflusst - für die moderne Medizin ist das eine neue Erkenntnis. Einer der Vorreiter ist die Harvard Medical School, die eine „nutritional psychiatry" etabliert hat und nun interessante Impulse in die Wissenschaft schickt. Hinter dieser neuartigen Ernährungspsychiatrie steckt auch die Enttäuschung darüber, dass Arzneistoffe, von denen man sich viel versprochen hatte, bei vielen Menschen langfristig wenig geholfen haben. Dazu zählen etwa die berühmten Serotoninwiederaufnahmehemmer (SSRIs), die gegen Depressionen eingesetzt werden.

DIE MACHT DES PSYCHOBIOMS

Parallel zu dieser Erfahrung mehren sich die Erkenntnisse darüber, wie groß der Einfluss der Darmbakterien auf das Gehirn ist. Neurodegenerative Erkrankungen wie Parkinson, Demenz und Multiple Sklerose scheinen damit zusammenzuhängen. Auch unsere Gefühle? Lange Zeit hatte man angenommen, die Blut-Hirn-Schranke wehre Stoffe ab, die das Gehirn verändern könnten. Dass Schokolade glücklich mache, sagten deshalb Experten, sei ein Mythos. Inzwischen weiß man, dass das Gehirn längst nicht so abgeschottet ist, wie man dachte, und unsere Psyche komplizierter aufgebaut ist und von mehr Faktoren abhängt als nur von einzelnen Botenstoffen. Zum Beispiel von der Aktivität unseres Bauchhirns. Kann Joghurt also mutig machen? Helfen Kimchi oder Sauerkraut gegen Depression? Wirkt Chili gegen emotionale Erschöpfung? Hinweise dafür gibt es. Den Darmbakterien wird inzwischen so viel Einfluss zugeschrieben, dass man ihre Lebensgemeinschaft nicht mehr als Mikro-, sondern bereits als „Psychobiom" bezeichnet.

Natürlich können wir einen Esslöffel gemahlene Kurkuma oder ein Brokkoliröschen nicht einnehmen wie eine Tablette und davon eine prompte Wirkung erwarten. Aber wir können unsere Psyche langfristig stabilisieren und uns damit unempfindlicher gegenüber Stimmungsschwankungen machen. Wir können mit der Zeit auch bestimmten Neigungen wie Ängstlichkeit oder depressiver Verstimmung gezielt entgegenwirken. Und für mehr gute Laune in unserem Alltag sorgen. Das „Essen für die Seele" verhilft Ihnen nicht nur zur inneren Balance, sondern ist auch gesund - und ohne jede Nebenwirkung.

KOCHEN SIE SICH GLÜCKLICH

Ich bin immer wieder erstaunt, was Ernährung alles bewegen kann. So konnten wir zuletzt verblüffende Erfolge in einem Forschungsprojekt mit den emotional wie körperlich stark geschwächten Long-Covid-Patientinnen und -Patienten erzielen - beim Kochen! Um die Psyche zu stärken und positiv zu beeinflussen, sind vier Dimensionen besonders wichtig. Was wir essen, sollte

- ballaststoffreich sein, um genug „Futter" für das Psychobiom bereitzustellen,
- entzündungslindernd wirken,
- den Blutzucker stabil halten und
- psychowirksame sekundäre Pflanzeninhaltsstoffe enthalten.

Das ist die Basis des „Essens für die Seele" und der Rezepte in diesem Buch - sie enthalten alle wichtigen Nährstoffe für Ihre Gesundheit, sind abwechslungsreich und lassen sich leicht umsetzen. Ihre Farben und Aromen werden schon beim Kochen alle Ihre Sinne anregen und Sie - hoffentlich - ein klein wenig glücklich machen.

In diesem Sinne wünscht Ihnen „Guten Appetit"

Ihr

GESUNDE NAHRUNG, GESUNDE PSYCHE

Nicht nur die Liebe geht durch den Magen, sondern auch die Gesundheit. Was wir essen, hat viel mehr damit zu tun, wie wir uns fühlen, als viele denken. Eine große Rolle spielt dabei unser Darm, der Sitz unseres „Bauchhirns", das rund um die Uhr mit der Kommandozentrale im Kopf kommuniziert und so enormen Einfluss auf unser seelisches Befinden hat.

HÖHEN UND TIEFEN:

Wie entstehen Gefühle überhaupt?

Bevor wir zu denken anfangen, haben wir bereits Gefühle - ihre Basis sind Sinneswahrnehmungen. So hat sich das erste Leben entwickelt: Die noch ganz einfach gebauten Organismen, nicht mehr als Zellhaufen im Meer, entwickelten spezialisierte Organe, die auf die Umwelt reagierten: auf Licht oder Strömung, auf Temperatur oder einen bestimmten Säuregehalt. Sie nutzten diese Reize, um Nahrung zu suchen und zu finden. Das sinnliche „Spüren" entsprang dem Instinkt, sich am Leben zu erhalten. Diese körperliche Reaktion wurde mit der Evolution immer komplexer - und schließlich zum „Gefühl", zu etwas, das wir heute eher in unserer Psyche und damit im Gehirn verorten. Aber es hat immer noch sehr oft seinen Ursprung in äußeren Reizen.

ALLES FING MIT HUNGER AN

Nahrung prägt unsere Psyche von den Ursprüngen des Lebens an. Schon die Vorlieben der Mutter für bestimmte Lebensmittel hinterlassen ihre Spuren im Ungeborenen und prägen die Geschmacksvorlieben des Kindes. Die ersten Gefühle des Babys, Wut und Frust, aber auch Glück und Zufriedenheit, hängen mit dem Hunger nach Nahrung zusammen. Und Säuglinge zeigen sie völlig ungehemmt: Sie schreien lauthals, glucksen vor Lust an der Brust, strahlen oder zappeln vor Glück. Unsere Fähigkeit, Gefühle zu empfinden, also auch unsere Psyche, hat sich über unser Verhältnis zur Nahrung entwickelt. Das sollten wir nie vergessen.

Das portugiesische Forscherehepaar Antonio und Hannah Damasio, beide Neurowissenschaftler am Brain and Creativity Institute der University of Southern California, unterscheiden deshalb zwei Dimensionen von Gefühl: Die eine Dimension sind die körperlichen Sinneswahrnehmungen, wie etwa die Erfahrung von Schlägen oder auch von Zärtlichkeit, die im Körper als eine Art biografische Landkarte in einer Nervenmatrix abgespeichert werden. Die zweite Dimension ist die Verarbeitung dieser Reize - als Wut, Angst oder Sehnsucht - im Gehirn. Dort werden diese Gefühle entweder als Erinnerung abgelegt oder in verstecktere Areale verdrängt. Sie sind dann nicht mehr in unserem Bewusstsein, aber keinesfalls verschwunden. Sie dienen langfristig unserer Orientierung im Leben.

Diese psychische Ebene der Gefühle, die sich selten sauber von der körperlichen Ebene trennen lässt, hat großen Einfluss auf unser Wohlbefinden und unsere Gesundheit. Einer der Ersten, der sich mit der Funktion von Gefühlen beschäftigte, war übrigens Charles Darwin (1809-1882). Er stellte die These auf, dass es elementare und besonders wichtige Gefühle gebe, die man selbst bei manchen Tieren fände, zum Beispiel, wenn ein Hund zu seiner Verteidigung die Zähne fletscht. Neben diesen fundamentalen, angeborenen Gefühlen gebe es aber auch noch kulturell oder gesellschaftlich erworbene Empfindungen wie etwa Scham. Unter anderem untersuchte Darwin ein Phänomen seiner Zeit - das Erröten.

Was aber verknüpft die Wahrnehmung, plötzlich im Mittelpunkt der Aufmerksamkeit zu stehen, mit dem Gefühl der Scham und dem Erröten? Zu Darwins Zeiten waren Biologie und Medizin noch nicht so weit, dass man die chemischen Pfade solcher Gefühlsregungen hätte aufspüren und benennen können, auch wenn noch zu seinen Lebzeiten die ersten aufgedeckt wurden.

DIE ROLLE DER BOTENSTOFFE

Heute weiß man, dass Nervenleitungen kein zusammenhängender Strang sind wie ein Stromkabel, sondern dass sie aus hintereinandergereihten Nervenzellen (Neuronen) bestehen. Diese kommunizieren über Synapsen an ihren Enden, bauchige Wölbungen mit winzigen Bläschen, die Botenstoffe enthalten. Bei einer bestimmten elektrischen Ladung entlässt das Neuron diese Substanzen in seine Umgebung, den „synaptischen Spalt". Von dort aus docken die Botenstoffe an die Rezeptoren benachbarter Zellen an, die darauf mit elektrischen Signalen reagieren. Irgendwann werden die auch „Neurotransmitter" genannten Substanzen von zugehörigen Nervenzellen wieder resorbiert und abgebaut.

Inzwischen kennt man auch die wichtigsten dieser Substanzen, zum Beispiel das **Dopamin**. Es zählt zu den Neurotransmittern und wird häufig euphemistisch als „Glückshormon" bezeichnet. Wahr ist, dass er im Laufe seiner Entstehung ähnliche Zwischenstufen durchläuft wie Morphium und auch, dass Dopamin eine Rolle bei Motivation, Selbstvertrauen und Antrieb, aber auch bei der Motorik spielt. Es wird im Gehirn gebildet. Ein Mangel, genauso aber auch eine Überdosis führen zu Störungen in den Signalketten des Nervensystems. Damit erklärt man unter anderem Symptome des Aufmerksamkeitsdefizitsyndroms (ADS), aber auch die Bewegungsstörungen bei Parkinson. Denn wie die meisten anderen Botenstoffe hat Dopamin nicht nur eine einzige Aufgabe, sondern vielfältige Funktionen.

SIGNALÜBERTRAGUNG DER SYNAPSE

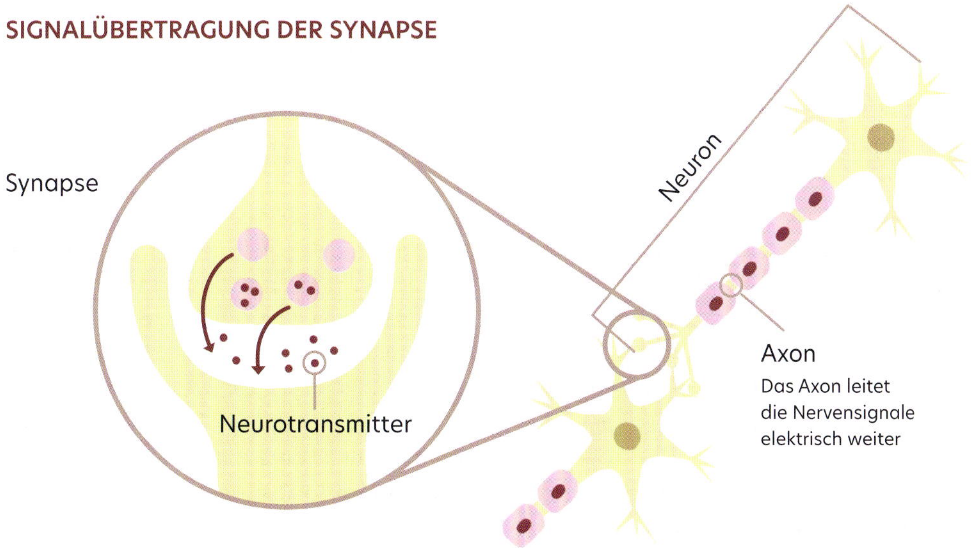

Unsere Nervenzellen kommunizieren miteinander, indem sie Botenstoffe (Neurotransmitter) ausschütten, die an den Rezeptoren benachbarter Zellen andocken.

Serotonin ist ein zweiter wichtiger Botenstoff. In der Natur ist er weitverbreitet. Beim Menschen entsteht er über mehrere Zwischenstufen im zentralen Nervensystem und in den sogenannten chromaffinen Zellen, kleinen Drüsen in der Darmschleimhaut. Weil bei depressiven Menschen häufig ein Mangel an Serotonin im Gehirn gemessen wurde, führte man ihren gedämpften Gemütszustand lange auf dieses Defizit zurück. In den 1980er-Jahren wurde deshalb auch eine neue Wirkstoffklasse entwickelt, die Serotoninwiederaufnahmehemmer (SSRIs). Das vielleicht bekannteste Medikament, das damals euphorisch in der Öffentlichkeit diskutiert wurde, war „Prozac" (in Deutschland: „Fluoxetin"). Die SSRIs sollen dafür sorgen, dass das von den Nervenzellen ausgeschüttete Serotonin nicht rasch wieder absorbiert wird, sondern länger im Gehirn wirken kann. Das funktioniert auch - doch eine Auswertung von Langzeitstudien zeigte, dass die SSRIs bei etwa der Hälfte aller Patienten letztlich nicht mehr erreichen als ein Scheinmedikament (Placebo). Bei vielen treten außerdem mehr Nebenwirkungen auf. Nur Patienten mit schweren Depressionen profitierten etwas mehr. Die jüngste Forschung geht deshalb davon aus, dass der Serotoninmangel möglicherweise gar nicht die zentrale Rolle bei Depressionen spielt, zumindest nicht bei allen Menschen, sondern vielleicht nur ein Nebeneffekt ist. Das würde erklären, dass diese Wirkstoffklasse auch nur einem Teil der Betroffenen hilft.

Dopamin und Serotonin sind als zentrale Modulatoren des Nervensystems ständig präsent, sie spielen deshalb eine besonders wichtige Rolle für unsere Psyche. Die Effekte anderer Neurotransmitter sind schnelllebiger. Dazu gehört zum Beispiel **Glutamat,** vielen bekannt als konservierender Zusatzstoff bei vielen Fertigprodukten und als Geschmacksverstärker (etwa in einigen Chinarestaurants). Manche Menschen reagieren mit Kopfschmerzen oder anderen Symptomen empfindlich auf Glutamat im Essen. Die Ursachen sind nicht geklärt - die Blut-Hirn-Schranke (siehe Seite 14) sollte eigentlich verhindern, dass diese Substanz in das Gehirn gelangt. Dort produzieren unsere Nervenzellen unser eigenes Glutamat mithilfe von Enzymen, speichern es und schütten es bei Bedarf aus. Es unterstützt die Vermittlung und Verarbeitung von Sinnesreizen und ist wichtig für die Steuerung gezielter Bewegungen sowie Lernen und Erinnern. Ein Übermaß führt zu Stress, innerer Unruhe und Depression. **GABA** (Gamma-Aminobuttersäure) ist sein Gegenspieler und bremst die Aktivität von Glutamat. Und schließlich ist da noch das entspannende und schlaffördernde **Glycin,** das vor allem in Hirnstamm und Rückenmark zu finden ist.

Oxytocin ist eine Substanz, die besonders gut zeigt, wie inneres und äußeres Fühlen zusammenspielen. Das Hormon wird im Hypothalamus gebildet, dem Steuerungszentrum des vegetativen Nervensystems, und von der Hirnanhangsdrüse (Hypophyse) ausgeschüttet. Es festigt die Bindung zwischen Menschen, insbesondere zwischen Mutter und Kind. Das beginnt schon vor der Geburt, vor allem aber danach, unter anderem bei Augenkontakt. Oxytocin entsteht auch bei körperlicher Berührung wie Streicheln oder beim Sex und unterstützt das Gefühl der Liebe.

Alle diese Botenstoffe lassen in uns Gefühle entstehen. Viele sind auch in unserer Nahrung enthalten. Oder unser Essen liefert die Bausteine, aus denen der Organismus dann herstellen kann, was er gerade braucht. In jedem Fall erfüllt die Nahrung, wie Feuerbach (siehe Seite 6) schon sagte, „Herz und Kopf" gleichermaßen. Dabei ist klar: Dass Serotonin in der Walnuss steckt, heißt nicht, dass es automatisch das Gehirn erreicht. Die Evolution hat viel Aufwand betrieben, unsere empfindliche Steuerungszentrale durch die Blut-Hirn-Schranke vor äußeren Einflüssen zu schützen. Und dennoch können wir nicht nur das Gehirn stärken, sondern auch unsere Psyche - durch unsere Ernährung.

DER DARM IM QUERSCHNITT

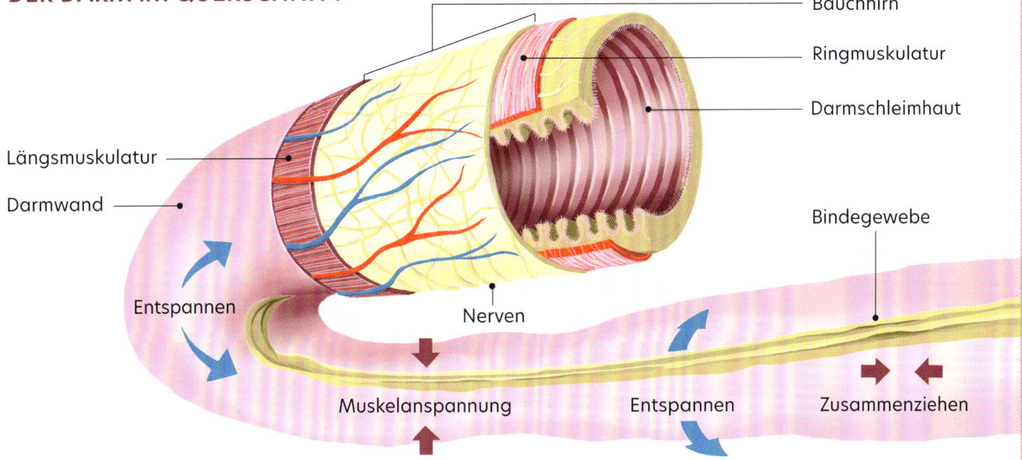

Der Dünndarm besteht aus mehreren Schichten und wird vom enterischen Nervensystem („Bauchhirn") gesteuert, dessen Nervengeflechte in die Darmwand eingebettet sind und den Verdauungsprozess maßgeblich beeinflussen.

VOM SINN DER BAUCHGEFÜHLE

Um das zu verstehen, müssen wir uns dem zweiten Gehirn zuwenden, dem dichten Nervennetz in unserer Mitte. Eigentlich ist dieses „Bauchhirn", unser Ursprungsgehirn – jenes, das zu Urzeiten für die Nahrungssuche zuständig war. Dadurch, dass sich der Verdauungsapparat der Arten mit der Eroberung des Landes an unterschiedliche Lebensräume anpassen musste, entstanden immer mehr Spezies. Und irgendwann, vielleicht vor rund 1,8 Millionen Jahren, gelang es schließlich dem Menschen, durch die Beherrschung des Feuers seine Nahrungsaufnahme so zu optimieren, dass ausreichend Energie für eine weit komplexere Steuerzentrale zur Verfügung stand: das Kopfhirn. Es war zu Bewusstsein fähig und zum Umgang mit Gefühlen, die komplexer waren als die einfachen Sinneswahrnehmungen zum Zweck der Nahrungssuche. Trotz alledem hat eigentlich immer noch das alte Bauchhirn, das enterische Nervensystem (ENS), das Sagen: Es laufen nämlich viel mehr Signale vom Bauch zum Kopf als umgekehrt. Es ist also nicht ganz unberechtigt, wenn wir nicht nur unseren Gedanken, sondern auch unserem „Bauchgefühl" vertrauen. Immerhin enthält der Verdauungstrakt 400 bis 600 Millionen Nervenzellen, eingebettet in die Darmschleimhaut und die Darmwand.

Sie dienen nicht nur dazu, die Nahrung durch den Körper zu transportieren – indem sie dafür sorgen, dass sich der Darm rhythmisch zusammenzieht und wieder entspannt. Sie haben viel mehr Aufgaben als die pure Motorik: Sie entlassen Enzyme und Hormone, die für die Verdauung wichtig sind. Und sie registrieren alles, was im Darm passiert: Ob sich Nahrung ankündigt, wie viel davon und welche Zusammensetzung sie hat. Das alles tut das enterische Nervensystem ganz autonom, ohne jede Hilfe vom Kopfhirn – wir können diese Prozesse also auch nicht willentlich beeinflussen. Aber über die Darm-Hirn-Achse und den Vagusnerv stehen beide Gehirne – Bauch und Kopf – in ständigem Informationsaustausch (siehe Seite 14).

DIE DARM-HIRN-ACHSE:

zentrale „Datenbahn" des Körpers

Das zentrale Nervensystem (ZNS), also Gehirn und Rückgrat, ist mit dem enterischen Nervensystem (ENS), dem Bauchhirn, in mehrfacher Weise vernetzt - über die Signale von Immunzellen, Hormonen und anderen Botenstoffen. Sie laufen über den großen **Vagusnerv,** der sich vom Gehirn bis zu den Organen und dem Verdauungstrakt zieht. Er ist unter anderem Teil des parasympathischen (auf Beruhigung ausgerichteten) unbewussten Nervensystems und transportiert Informationen über mechanische Belastungen genauso wie solche über Temperatur oder chemische Vorgänge im Körper. Der Vagusnerv steuert die Motorik des Darms und kontrolliert die Ausschüttung von Verdauungsenzymen, registriert aber auch entzündliche Prozesse im Körper und alarmiert Immunzellen.

SICH GLÜCKLICH ESSEN, GEHT DAS?

Wenn die Nahrung durch den Körper wandert, entlassen die Nervenzellen des Darms Botenstoffe wie das „Glückshormon" Serotonin. Das ist ein Zeichen für andere Nervenzellen, die Darmbewegung zu verstärken oder zu signalisieren, dass der Bauch jetzt voll und der Mensch satt ist. Ein Teil des Serotonins gelangt auch in die Blutbahn. Zwar schirmt die **Blut-Hirn-Schranke,** eine weitgehend undurchlässige Struktur der Nervenzellenwände, das Gehirn vor äußeren Einflüssen ab. Trotzdem scheint ein hoher Serotoninspiegel im Darm Einfluss auf das Gehirn zu haben. Zudem können Nährstoffe und Vorläufersubstanzen für den Aufbau der wichtigen Neurotransmitter das Sicherungssystem passieren, um anschließend wieder zusammengesetzt zu werden.

Auch die Bakterien, die unseren Darm besiedeln, senden über den Vagusnerv, die Darm-Hirn-Achse, verschiedene Signale. Neben dem schon genannten Serotonin gehören dazu kurzkettige Fettsäuren, von denen man weiß, dass sie die Blut-Hirn-Schranke überwinden können und Nervenzellen stärken. Immunzellen produzieren Zytokine, die unter anderem helfen, Entzündungsreaktionen im Gehirn zu bekämpfen. Was wir essen, bestimmt damit also, wie wir uns fühlen. Denn die Zusammensetzung der Bakterien im Verdauungstrakt und damit automatisch auch die von ihnen ausgesandten Signale werden maßgeblich über die Ernährung beeinflusst.

Ein Indiz dafür, dass Botenstoffsignale aus dem Darm über den Vagusnerv das Gehirn erreichen, ist die Tatsache, dass massive Störungen im Gleichgewicht der Darmbakterien zu Veränderungen im Serotoninhaushalt des Gehirns und damit auch zu erheblichen Stimmungsschwankungen und Depressionen führen können (siehe Seite 18 ff.). Wie das genau passiert, das ist in vielen Punkten noch nicht entschlüsselt. Fest steht aber immerhin, dass entzündliche Prozesse auf vielfache Weise negativen Einfluss nehmen: Sie verändern die Zusammensetzung des Mikrobioms, rufen vermehrt Immunzellen auf den Plan, können zu Verletzungen der Darmwand führen und sogar bis ins Gehirn reichen, wo sie die Blut-Hirn-Schranke schwächen. Zum Glück lässt sich dem entgegenwirken - indem wir Entzündungen vermeiden und das Darmmikrobiom möglichst lange gesund und vor allem auch seine Vielfalt erhalten. Am einfachsten gelingt das mithilfe einer darmgesunden Ernährung.

EIN AUSGEKLÜGELTES INFORMATIONSNETZWERK

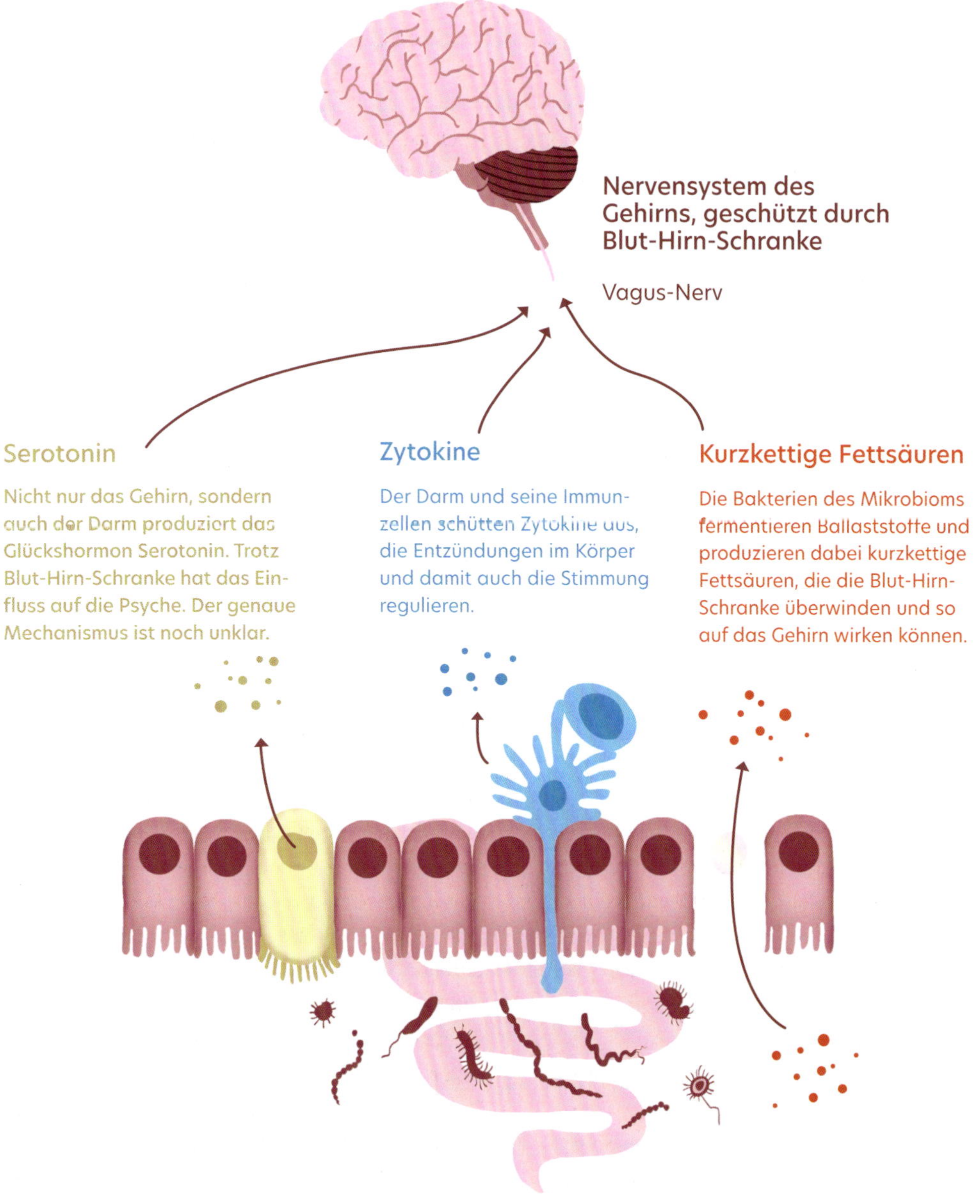

Obwohl das Gehirn durch die Blut-Hirn-Schranke vor äußeren Einflüssen geschützt wird, kann der Darm auf verschiedene Weise Einfluss nehmen: über den Vagus-Nerv. So entsteht eine Darm-Hirn-Achse.

SCHUTZWALL DARM:

die Abwehrstrategien unseres Körpers

Kleine Kinder lernen beizeiten, dass sie nicht alles in den Mund stecken dürfen. Aber es gibt auch Dinge, die sie zum Leidwesen der Eltern nicht in den Mund stecken wollen: Spinat zum Beispiel. Dass viele Kinder gerade grünes Blattgemüse nicht besonders lieben, wird immer wieder darauf zurückgeführt, dass hinter der Skepsis noch ein evolutionär entwickelter Sicherheitsmechanismus stecke: Es gäbe in der Natur eben vieles Grüne, das nicht essbar oder sogar giftig sei. Ich weiß nicht, ob das stimmt. Fest steht aber: Was wirklich essbar ist, musste der Verdauungsapparat des Menschen in vielen Versuch-und-Irrtum-Anläufen erst einmal herausfinden. Und einige unserer gemeinsamen Vorfahren mussten dabei ganz sicher auch ihr Leben lassen.

DIE ENTZÜNDETE SEELE

Inzwischen aber hat unser Verdauungssystem als Schnittstelle zwischen den Gefahren der Außenwelt und den Bedürfnissen der Innenwelt dazugelernt: Von Geburt an wird der Darm mit immer neuen Stoffen und Bakterien konfrontiert und lernt dadurch Schritt für Schritt, die Nahrung zu analysieren, sie weiter aufzuschließen und nützliche Bakterien zu tolerieren. In Zusammenarbeit mit dem Immunsystem beginnt er, feindliche Erreger zu erkennen, sie abzuwehren und giftige Substanzen vom Körper fernzuhalten, indem er sie schleunigst aus dem Körper leitet.

Im Darm leben 70 Prozent der im Körper vorhandenen Lymphozyten. Sie sind Wächterzellen: Wie eine kleine Festplatte tragen sie die chemisch verschlüsselten Informationen zu überstandenen Bedrohungen, etwa Krankheitserregern, in sich. Treten diese erneut auf, so alarmieren die Leukozyten sofort andere Soldaten des Immunsystems. Bei der Abwehr helfen zum Beispiel **Plasmazellen** in der Darmschleimhaut, die das Immunglobulin A (IgA) produzieren, einen Antikörper, der auf das Erkennen und Zerstören körperfremder Eindringlinge spezialisiert ist. **T-Helferzellen** wachen über entzündliche Prozesse und sorgen dafür, dass Verletzungen der Darmschleimhaut repariert werden. Toxine und Krankheitserreger sollen nicht durch die Darmwand in den Blutkreislauf gelangen. Unser Verdauungstrakt ist also ein lebenswichtiger Filter zwischen Gut und Böse, ein riesiges Immunsystem. Dieses Abwehrsystem kann aber auch außer Kontrolle geraten, wenn es überfordert wird. Die Folgen reichen bis in unsere Psyche.

Fehlgesteuerte Immunreaktionen

Eine äußerst komplexe und raffinierte Immunabwehr schützt unseren Körper. Aber sie kann auch außer Kontrolle geraten und dann nicht nur fremde Eindringlinge abwehren, sondern auch körpereigene Strukturen angreifen. Das äußert sich fast immer in Entzündungen. Sie sind eigentlich dazu da, andere Akteure des Immunsystems auf den Plan zu rufen und anzulocken. Zum Beispiel die **Makrophagen.** Diese großen „Fresszellen" des Immunsystems sind im gesamten Organismus vorhanden und bereit, Angreifer zu verschlingen. In dichter Zahl sitzen sie zum Beispiel im Darm, den ununterbrochen Bakterien, Viren und andere Organismen passieren. Registriert eine Makrophage etwas, das sie als Angreifer identifiziert, verlässt sie ihren Posten nicht, sondern ruft andere Makrophagen zu Hilfe. Diese Botschaft besteht aus Zytokinen, die sie in die Blutbahn entlässt. Andere Makrophagen verlassen daraufhin ihre Position und folgen dem chemischen Alarmsignal, um die potenzielle Gefahr abzuwenden.

Haben sie die Angreifer erfolgreich vertilgt, sammeln sich die Makrophagen in den Lymphknoten und tauschen dort ihre chemischen Informationen aus, denn jede trägt unterschiedliche Bruchstücke der Geninformation des Eindringlings mit sich, sogenannte Antigene. Hier treffen sie auf **Lymphozyten,** weiße Blutzellen, welche die Informationen früherer Angriffe in sich tragen. Haben Makrophagen und Lymphozyten mit passender Information einander getroffen, bleiben sie einige Tage in engem Kontakt, bis die Lymphozyten eine biologische Antwort auf die Bedrohung parat haben. Die wichtigsten Bedrohungen für den Menschen sind nämlich über Jahrtausende im Immunsystem verschlüsselt worden. Also gehen die Abwehrzellen quasi ihre „Kartei" durch und wissen dann, ob es notwendig ist, Fieber und all die vielen anderen Möglichkeiten der Verteidigung aufzufahren.

Die Abwehrstrategie der Makrophagen hat jedoch leider „Kollateralschäden" zur Folge, wie der Neuroimmunologe Edward Bullmore, Psychiater an der Universität Cambridge, in einem Buch über seine Forschung zu Depressionen bedauert: „Sie entlassen große Mengen an Verdauungsenzymen und Zellfragmenten der Bakterien in das umgebende Gewebe." Je größer das Aufgebot an Abwehrzellen, desto größer sind naturgemäß auch die Schäden. Vor allem steigt damit das Risiko, dass die Makrophagen den Lymphozyten nicht nur Fragmente der Bakterien präsentieren, sondern Teile des körpereigenen Gewebes. Dann kann es sein, dass die Lymphozyte beginnt, auch dagegen Antikörper zu produzieren. Das führt dann zu Autoimmunreaktionen wie Diabetes Typ 1, bei dem der Körper seine eigene Bauchspeicheldrüse angreift, zu Krankheiten wie Rheuma oder dem sogenannten Hashimoto-Syndrom, einem chronischen Abbau der Schilddrüse.

Umstritten unter Wissenschaftlern ist noch, inwieweit eine erhöhte Durchlässigkeit des Darms, der sogenannte „Leaky Gut", zu negativen Immunreaktionen führen kann - entweder weil körperfremde Strukturen in den Organismus eindringen oder weil körpereigene Moleküle außerhalb des Darms zu einer Autoimmunreaktion führen (Antigen-Antikörper-Verbindung). Bullmore geht davon aus, dass auch die Psyche durch diese Prozesse angegriffen wird. Warum ist das so?

Die Immunabwehr des Gehirns

Es gibt mehrere Wege, auf denen Entzündungssignale aus dem Körper trotz der Blut-Hirn-Schranke das Gehirn erreichen können. Dieses hat seine eigenen Immunzellen, die sehr ähnlich funktionieren wie die Makrophagen, sie heißen **Mikrogliazellen.** Auch sie pumpen Zytokine in ihre Umgebung, wenn sie aus ihrem Umfeld, aber auch von weit entfernt aus dem Körper das Signal erhalten, dass ein Angriff abgewehrt werden muss. Das kann auch im Gehirn zu Schäden an den umgebenden Nervenzellen führen. Das Gehirn entwickelt zwar keine regelrechten Narben wie das Bindegewebe, aber die Plastizität der Nervenzellen kann abnehmen, weil die Membranen sich verhärten oder Nervenzellen verkümmern. Das führt zu Störungen in den Signalketten des Serotonins. Diese These würde erklären, warum Menschen, die unter Depressionen und Angstzuständen leiden, häufig Entzündungsmarker wie Interleukin-6 oder TNF-alpha im Blut tragen. Meistens ist auch ein hormoneller Regelkreis, die Hypothalamus-Hypophysen-Nebennierenrinden-Achse, wichtig für die Stressregulation, beeinträchtigt. Es werden dann vermehrt Stresshormone ausgeschüttet, welche die negativen Prozesse verstärken, auch im Gehirn.

DIE IMMUNABWEHR DES GEHIRNS

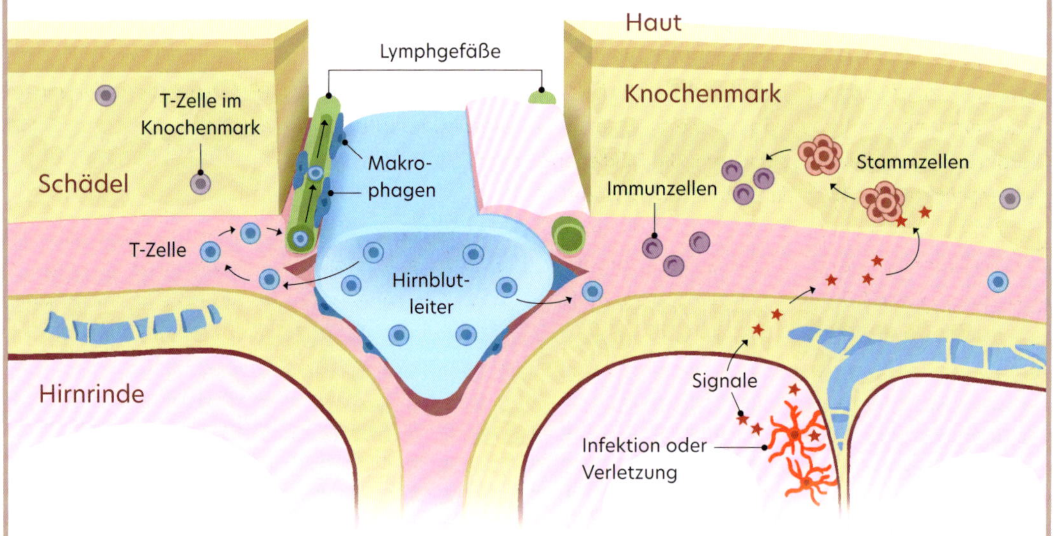

Das Gehirn verfügt in seinem Inneren über eigene Immunzellen (Mikroglia). Aber auch von außen können Abwehrzellen (T-Zellen, Makrophagen) durch die Hirnhäute dringen, um Krankheitserreger abzuwehren.

Entzündungen werden mittlerweile als Grundlage oder Kofaktor vieler körperlicher Leiden diskutiert – etwa bei Herz-Kreislauf-Erkrankungen oder Krebs. Autoimmunerkrankungen, schweres Übergewicht oder körperliche Verletzungen gehen ebenso mit Entzündungen und Stress einher – chronisch oder akut. Das allein ist zwar noch kein Beweis, wie Ursache und Wirkung zusammenhängen. Aber auch Tierversuche zeigen, dass es nicht die Krankheiten selbst sind, die auf die Psyche wirken, sondern der Vorgang der Immunabwehr.

Wenn es uns also gelingt, Entzündungen zu vermeiden, auszuheilen oder auf ein Minimum zu reduzieren, stärken wir damit auch die Balance unserer Gefühle. Eine gezielt entzündungslindernde Ernährung kann viel dazu beitragen, was wir bei den Rezepten in diesem Buch berücksichtigt haben.

DARMINFEKTE UND DEPRESSION

Im Jahr 2000 wurde das öffentliche Trinkwassersystem in Walkerton im kanadischen Ontario von einer Flutwelle überspült: Mehr als 2300 Menschen, fast jeder zweite Einwohner, erlitten daraufhin schwere Magen-Darm-Infektionen durch Erreger wie Escherichia coli und Campylobacter jejuni. Mehr noch: Viele der Betroffenen entwickelten nach Abklingen der akuten Erkrankung ein chronisches Reizdarmsyndrom mit wiederkehrenden Bauchschmerzen, Durchfall oder Verstopfung. Der kleine Ort am Ufer des Saugeen River wurde zum riesigen Forschungslabor: Wissenschaftler der McMaster University in Hamilton verfolgten die Befindlichkeit der Bürger über acht Jahre. Dabei stellten sie fest, dass diejenigen Betroffenen mit Reizdarm häufig auch unter Ängstlichkeit oder Depression litten.

Es stellte sich heraus, dass die Erreger, die durch die Flutkatastrophe verbreitet worden waren, ein Gift produzierten, welches das Immunsystem alarmierte und zu Entzündungen führte. Die motorischen Nervenzellen des Darms, die für dessen Bewegung zuständig sind, wurden gestört. Gleichzeitig zersetzte ein Parasit, das Geißeltierchen Giardia lambdia, den Schutzfilm, den die Bakteriengemeinschaften im Darm um sich herum bildeten. Nützliche Bakterien konnten so zu gefährlichen Zombibakterien mutieren. Ein Teil der Mikroorganismen drang in den Dünndarm ein, wo sie eigentlich nichts zu suchen hatten. Die Folge waren massive Erkrankungen. Einige Kinder trugen lebenslange Nierenschäden davon, sieben Menschen starben. Der Unfall von Walkerton war damit ein weiteres Indiz dafür, dass die Veränderungen in der Mikrobiota über die Darm-Hirn-Achse zu psychischen Veränderungen im Gehirn führen.

ERNÄHRUNG UND ENTEROTYPEN

Es muss ja nicht gleich eine Flutkatastrophe sein - auch die Ernährung wirkt auf den Darm und damit

ANGSTERKRANKUNGEN:
der Einfluss des Mikrobioms

Angsterkrankungen zählen zu den häufigsten psychischen Leiden überhaupt. Allein in der EU sind 61,5 Millionen Menschen betroffen - und die Dunkelziffer ist hoch. Die Patienten werden überwiegend pharmakologisch oder psychotherapeutisch behandelt, aber nur rund die Hälfte spricht auf diese Therapien an. Komplett geheilt werden nur rund ein Viertel. Bietet die Ernährung hier einen Ausweg?

Bei allen Ängsten spielen der Darm und das Mikrobiom eine wichtige Rolle. Patienten mit einer generalisierten Angststörung tragen in der Tat andere Bakterientypen in sich als furchtlose Menschen. Interessant ist auch: Wenn man die Angst medikamentös lindern will, verändert das zwar die Hirnchemie, aber nicht das Mikrobiom. Das könnte eine der Ursachen dafür sein, dass so viele der psychiatrischen Therapien auf diesem Gebiet versagen. Auch Öffnungen in der Darmwand (Leaky Gut) scheinen eine Rolle bei der Angst zu spielen.

Auch unser ungesunder Lebensstil führt zu Angst: Hochkalorische Lebensmittel mit hohem Fett- und Zuckeranteil und wenig Ballaststoffen verstärken sie - vermutlich liegt das an sinkenden Serotoninanteilen im Gehirn. Außerdem fördert dieses ungesunde Essen die Fettsucht und diese führt wiederum zu negativen Veränderungen im Mikrobiom. Bestimmte Inhaltsstoffe wie Koffein verstärken die Symptome zusätzlich. Auch ein Test auf Glutenempfindlichkeit kann bei einer Angststörung Hinweise auf Ursachen im Darm geben. Aspartam und andere Süßstoffe könnten eine weitere Ursache sein. Positiv wirkt die mediterrane Vollwertkost, vor allem deren Ballaststoffe, Omega-3-Fettsäuren und das fermentierte „Plus" (siehe Seite 37 f. und 40 f.).

potenziell auch auf die Psyche ein. Sie entscheidet zum Beispiel darüber, auf welche Hauptstämme und Arten sich die ungefähr 40 Billionen Mikroorganismen in unserem Darm verteilen. Quer zur ethnischen und geografischen Herkunft nämlich lassen sich auf diesem Planeten drei „Enterotypen" (Darmtypen) festmachen: Bei Fleischessern, die viele gesättigte Fettsäuren zu sich nehmen, dominiert die Gattung Bacteroides. Ruminococcus fühlt sich wohl bei Menschen, die gerne Alkohol konsumieren, aber auch mehrfach ungesättigte Fettsäuren aufnehmen. Prevotella bevorzugt eine kohlenhydratreiche Kost.

Die Ursprungsbesiedlung unseres Darms hängt von unserer Umwelt ab - und das schon auf dem Weg durch den Geburtskanal. Wer per Kaiserschnitt geboren oder nicht gestillt wurde, entwickelt eine andere Mikrobiota als diejenigen, die natürlich zur Welt kamen und Muttermilch erhielten. Werden Antibiotika verabreicht, so wirkt das wie ein Kahlschlag und die Bakterienkolonien brechen kurzfristig zusammen. Doch dann sortieren sie sich und bauen neue Gemeinschaften auf. Das Grundmuster der bakteriellen Besiedelung des Körpers ist erstaunlich stabil.

Etwa eineinhalb Kilo des Körpergewichts eines Menschen entfallen auf seine Bakterien! Der Stuhl besteht in etwa zur Hälfte daraus. Bis die Nahrung den Körper wieder verlässt, haben die Bakterien im Darm wichtige Aufgaben: Sie fermentieren den Rest der verdauten Lebensmittel, die weitgehend unverdaulichen Ballaststoffe, und lösen dabei wichtige Inhaltsstoffe heraus: kurzkettige Fettsäuren, die für die Pflege der Darmschleimhaut und die Immunzellen wichtig sind, Vitamin K, ein wichtiger Faktor unter anderem für die Blutgerinnung, und, je nach dominantem Mikroorganismus, verschiedene weitere Vitamine. Wie wichtig die unscheinbaren Fasern sind, zeigen Studien, die belegen, dass sie zum Beispiel gegen Ängstlichkeit wirken.

„Gute" Bakterien stabilisieren die Psyche

Veränderungen der Lebenswelt der Mikroorganismen im Darm haben Einfluss auf die Produktion von Neurotransmittern. Wenn sich das Verhältnis einzelner Gruppen zueinander verschiebt (zum Beispiel von Escherichia coli, Bacillus-Bakterien, Laktobazillen und Streptokokken), so führt das zu einem anderen Dopaminlevel im Gehirn: Daraus kann, das weiß man mittlerweile, unter Umständen ein Parkinsonleiden entstehen. Änderungen bei anderen Populationen resultieren in hohen Konzentrationen von Botenstoffen wie Acetylcholin (zuständig für Herzschlag, Atmung, Schlaf), Histamin oder Zytokinen, die Nervenzellen im Gehirn schädigen können, so die Ernährungspsychiaterin Uma Naidoo vom Massachusetts General Hospital in Boston. Bakterien sind außerdem beteiligt an der Herstellung des Brain-derived neurotrophic factor (BNDF), eines wichtigen Wachstumsfaktors für Nervenzellen. Viele Vorgänge in unserem Nervensystem, zeigt die jüngste Forschung, hängen von den Bakterien im Darm und damit unserer Ernährung ab.

Drei Viertel der Menschen mit Autismus, auch das ist interessant, haben Auffälligkeiten in ihrem Magen-Darm-Trakt: Sie reagieren allergisch auf bestimmte Lebensmittel, sind empfindlich bei Gluten, haben Probleme mit der Verdauung oder weisen ungewöhnliche Zusammensetzungen des Mikrobioms auf. Die Spur führt hier zu einer von Bakterien produzierten Substanz namens 4EPS, die, wie Tierversuche zeigen, bei autistischen Mäusen in 40-fach höherer Dosierung im Blut vorkommt. Gab man den betroffenen Mäusen Laktobazillen und Bifidobakterien, dann verloren sie einen Großteil ihrer autistischen Symptome. Diese Ergebnisse lassen sich natürlich nicht eins zu eins auf den Menschen übertragen. Doch sie zeigen, dass wir über das, was wir essen, durchaus Einfluss auf die Zusammensetzung der Mikrobiota nehmen können.

Einseitige Ernährung kann dazu führen, dass „gute" Bakterienstämme nach und nach von Konkurrenten verdrängt werden. So trugen Patienten mit einer „Majoren Depression" in Studien mehrere Dutzend Bakterienarten im Darm, die bei Menschen ohne Depression nicht vorkamen - darunter auch solche, die Entzündungen auslösen.

Umgekehrt können wir mit der richtigen Ernährung die guten Darmbakterien mehren und unterstützen und damit auch unsere Psyche stabilisieren - „mit ähnlichen Erfolgen wie durch spezielle Medikamente, aber zu einem Bruchteil der Kosten und mit weniger oder gar keinen Nebenwirkungen", so die Harvard-Forscherin Naidoo.

MEDIKAMENTE UND MIKROBIOTA:

Was den „guten" Darmbakterien schadet

Vielleicht gibt es Medikamente, auf die Sie nicht verzichten können, vielleicht aber auch solche, die Sie mehr oder weniger unbedacht verwenden - weil Sie keine Lust haben, krank zu werden, oder keine Zeit für Kopfschmerzen haben. Deutschland liegt bei den Pro-Kopf-Ausgaben für Medikamente auf Platz 1 im europäischen Vergleich. Es ist also davon auszugehen, dass wir zu viele Medikamente einnehmen. Bedenken Sie, dass jedes davon auf Ihr Mikrobiom einwirkt, was psychische Folgen mit sich bringen kann. Wissenschaftliche Daten gibt es dazu für:

ANTIBIOTIKA

Sie sind eine wichtige Waffe der Medizin, aber sie sollten nicht vorschnell und nur bei strenger Indikation verabreicht werden, weil sie nicht nur „böse", sondern auch „gute" Bakterien im Darm zerstören. Langfristig verschieben sich so die Populationen der Mikroorganismen ungünstig. Unnötiger Einsatz führt zur Resistenz gegenüber den bakterientötenden Wirkstoffen und kann schließlich anfällig für eine Infektion mit einem besonders gefährlichen Erreger machen: Clostridium difficile. Diese kann sogar tödlich enden.

PROTONEN-PUMPEN-INHIBITOREN

Sie reduzieren die Magensäure und sind ein Mittel gegen Sodbrennen, sollten jedoch nicht länger als 14 Tage eingenommen werden, weil sie zu einem Bakterienbefall des Dünndarms führen können. Das kann einen Reizdarm auslösen und der wiederum Depression und Angstzustände.

NICHTSTEROIDALE ENTZÜNDUNGSHEMMER

Diese schmerz- und entzündungslindernden Mittel (etwa antirheumatische Medikamente) beeinflussen das Mikrobiom. Genauere Studien stehen noch aus.

ANTIDEPRESSIVA UND ANTIPSYCHOTIKA

Sie wirken in jedem Fall auf das Gefüge der Bakterien. Welche Folgen das aber hat, ist noch unklar.

SCHÖNE NEUE WELT?

Wie der moderne Lebensstil unsere Psyche belastet

Eine weitere Dimension, die Einfluss auf unseren Gefühlshaushalt hat, ist der Blutzuckerhaushalt. Glukose ist der wichtigste Nährstoff für unser Gehirn, das Tag und Nacht aktiv ist und deshalb rund 20 Prozent unserer gesamten Energie allein für sich benötigt. Vielleicht haben Sie schon einmal über längere Zeit nichts gegessen und kennen das Gefühl, dann nicht mehr klar denken zu können. Es vergeht erst, wenn der Körper beim kompletten Nahrungsverzicht, wie etwa beim Fasten, irgendwann auf einen anderen Stoffwechsel umschaltet und seine Energie (Ketone) nun aus den Fettdepots des Körpers gewinnt.

MEHR GLÜCK DURCH GLUKOSE?

Für emotionale Stabilität ist es wichtig, dass Gehirn und Nervensystem regelmäßig und verlässlich mit Glukose versorgt werden. Zum einen benötigen Nervenzellen die Energie aus dem Zucker, um ATP (Adenosintriphosphat) herzustellen, eine Art chemische Batterie für ihren Energiestoffwechsel. Auch benötigt Tryptophan, eine Vorstufe des Serotonins, das Transportmolekül Insulin, um die Blut-Hirn-Schranke ins Gehirn zu überwinden. Es wird von der Bauchspeicheldrüse ausgeschüttet, wenn der Blutzuckerspiegel steigt, und lotst die Glukose dann in die Zellen. Vom Blutzuckerspiegel scheint auch abhängig zu sein, ob Dopamin in bestimmten Gehirnregionen ausgeschüttet wird.

Wenn der Zuckergehalt in unserem Blut über längere Zeit zu tief ist, kommt es zu Einschränkungen der kognitiven Fähigkeiten, des Denkens und Erinnerns, der Konzentration und der Aufmerksamkeit. Reizbarkeit, Ängstlichkeit und Stimmungsschwankungen können die Folge sein. Studien weisen darauf hin, dass ebenso die Entscheidungsfindung beeinträchtigt werden kann: Komplexes Denken tritt gegenüber impulsiven Entschlüssen in den Hintergrund. Aber auch ein abruptes Ansteigen des Blutzuckers, zum Beispiel durch süße Snacks oder Softdrinks, hat Einfluss auf die Psyche: Nach einem kurzen „High" nämlich stürzt der Spiegel jäh ab, weil der Zucker durch große Mengen an Insulin schnell abgebaut wurde. Das führt zu plötzlicher Müdigkeit und Antriebslosigkeit.

Was bedeutet das? Schnell umsetzbare Kohlenhydrate wie etwa ein Croissant, eine Breze oder ein süßes Teilchen liefern rasche Energie, die aber nicht lange anhält, sodass sich bald erneut Hunger einstellt. Bei jeder Nahrungsaufnahme muss die Bauchspeicheldrüse (Pankreas) zudem neues Insulin produzieren, welches die Glukose in die Zellen verfrachtet – bis diese irgendwann resistent gegenüber diesem Stoff werden und nicht mehr auf ihn reagieren. Der Blutzuckerspiegel bleibt dann hoch, als Reaktion darauf wird noch mehr Insulin gebildet, bis der Pankreas irgendwann erschöpft seine Arbeit einstellt. Dann muss Insulin substituiert werden.

Eine zucker- und kohlenhydratreiche Ernährung ist also eine der Ursachen, dass die Stoffwechselerkrankung Diabetes immer weiter um sich greift, mit gravierenden Folgen für die Gesundheit. Die Snackkultur verstärkt zusätzlich das unruhige Auf und Ab des Blutzuckerspiegels, das dazu beiträgt, dass die Rezeptoren für die Signale der Neurotransmitter nicht mehr voll funktionsfähig sind.

WIE ES ZU EINER INSULINRESISTENZ KOMMT

Einfache Kohlenhydrate lassen den Blutzuckerspiegel rasant nach oben schießen. Entsprechend schüttet die Bauchspeicheldrüse große Mengen Insulin aus. Auf Dauer werden die Zellen unempfindlich gegenüber diesem Hormon (Insulinresistenz), weshalb der Zucker nur noch in geringem Maße zur Energiegewinnung in die Zellen gelangt und stattdessen als Fett gespeichert wird. Als Konsequenz fühlen wir uns müde und erschöpft - und bekommen Heißhunger auf Kohlenhydrate, weil der Körper meint, so das Energieloch „stopfen" zu können.

FASTEN UND PSYCHE:

Wie Nahrungsverzicht die Emotionen beeinflusst

Ein gezielter Nahrungsverzicht für eine bestimmte Zeit, das Fasten, führt bei manchen Menschen dazu, dass sie sich emotional stark fühlen und besonders klar im Denken - was eigentlich im Widerspruch zum hohen Glukosebedarf des Gehirns steht. Das hängt zum einen damit zusammen, dass ihr Stoffwechsel auf „ketogen" umgeschaltet hat - die Energie wird jetzt aus den Fettpolstern des Körpers und zum geringeren Teil aus den Muskeln gewonnen und versorgt auch das Gehirn. Zum anderen findet sich bei Fastenden mehr Tryptophan im Gehirn und dadurch auch mehr Serotonin. Im Tierversuch konnte man bei Ratten feststellen, dass ihre Nervenzellen weniger Andockstellen für Serotonin ausbilden, wenn die Tiere 10 bis 20 Prozent weniger zu fressen bekommen. Das führt dazu, dass dieser Botenstoff deutlich länger im Gehirn kursiert. Fasten kann also eine ähnliche Wirkung haben wie die Serotoninwiederaufnahmehemmer (SSRIs, siehe Seite 12), was das mitunter auftretende Gefühl der Euphorie erklärt. Wird dieser Effekt aber bei psychisch angeschlagenen Personen als Möglichkeit der Angstbewältigung entdeckt und eingesetzt, besteht - bei längerem oder häufigem Nahrungsverzicht - die Gefahr einer Magersucht.

Ob ein Nahrungsverzicht als Stress empfunden wird oder, nach den ersten zwei, drei Tagen, als stimulierend positiv, hängt vor allem auch davon ab, ob er freiwillig geschieht. Ich empfehle ein fünf- bis siebentägiges Heilfasten nach Buchinger, bei dem man eine geringe Menge an Energie in Form von Gemüsebrühe und Säften zu sich nehmen darf. Es schärft die Sinne und Geschmacksnerven und man wird offen für neue Erfahrungen. Das erleichtert den Einstieg in eine andere Art von Ernährung, wie etwa der mediterranen Vollwertkost, die die Basis der Rezepte dieses Buches ist. Eine Anleitung finden Sie zum Beispiel über die Internetseite der AOK (siehe Seite 165).

Macht Zucker süchtig?

Essen befriedigt, es stimuliert Opioidrezeptoren im Gehirn - vor allem in den wohlhabenden Regionen der Erde essen wir also nicht nur, um den Hunger zu stillen. Eine besondere Rolle haben dabei Fett und Zucker: Schon im Mund, aber auch erneut, wenn sie den Dünndarm erreichen, lösen sie über den Vagusnerv Signale an das Striatum aus, ein wichtiges Kontrollzentrum im Inneren des Gehirns. Als Folge erhöht sich dort der Dopamingehalt deutlich, manchmal verdoppelt er sich sogar. Hirnscans belegen, dass der Verzehr von Süßigkeiten Belohnungszentren aktiviert. Auch Ratten reagieren auf zuckerreiches Futter mit Veränderungen des Stoffwechsels im Gehirn.

Schon von der Evolution her sind wir allem Süßen gegenüber grundsätzlich positiv eingestellt -

bereits die Muttermilch ist süßlich. In der Natur gibt es zudem nur Weniges, was süß und giftig ist. Außerdem liefert Zuckerhaltiges rasche Energie, weil der Zucker darin schnell ins Blut gelangt. Das war im Laufe der Evolution von Vorteil, weshalb sich süß als Geschmacksvorliebe durchsetzen konnte. Aber auch Stress führt zu einem verstärkten Verlangen nach Süßem. Und auch, wenn Zucker nicht in allen Punkten so funktioniert wie andere Drogen - er kann zu einer Art Abhängigkeit führen, dem „Craving". Manche Menschen berichten von regelrechten Entzugserscheinungen, wenn sie ihren Zuckerkonsum plötzlich einstellen, von Stimmungsschwankungen und Heißhungerattacken. Wie stark das der Fall ist, ist jedoch individuell ganz unterschiedlich und hängt von verschiedenen Einflussfaktoren ab.

VORSICHT BEI HOCHVERARBEITETEN FERTIGPRODUKTEN

Wenn Sie den oberen Abschnitt gelesen haben, nehmen Sie sich vielleicht vor, von nun an weniger Süßigkeiten zu essen oder keine Limonaden mehr zu trinken. Es gibt aber noch eine ganz andere, seltener thematisierte Dimension, die viel größer ist, wenn es um psychische Abhängigkeit geht. Die Rede ist von hochverarbeiteter Fertignahrung, in der Fachsprache häufig als „ultraprocessed food (UPF)" bezeichnet. Hochverarbeitete Lebensmittel sind reine Industrieprodukte. Sie werden raffiniert, fraktioniert, hydriert, mit dem Extruder geformt und vorfrittiert - die Stärke in ihnen wird behandelt, damit sie zum Beispiel das Tiefkühlen auf minus 20 Grad genauso verkraftet wie das anschließende Erhitzen auf plus 80 Grad (oder noch mehr).

In den reichen Ländern der Welt besteht bereits ein Großteil der täglich verzehrten Mahlzeiten aus solchen UPFs: In Deutschland zum Beispiel machen sie rund die Hälfte der verzehrten Kalorien aus. Sie werden nicht nur industriell erzeugt, um kostengünstig einen Massenmarkt zu versorgen. Sie werden gleichzeitig, behaupten manche Experten, im Prozess der Herstellung so manipuliert, dass sie über Fett und Zucker sowie Zusatzstoffe den Dopaminausstoß fördern - und so das Verlangen nach mehr steigern. „Selbst gemachte Kuchen, Kekse und Pizza begleiten uns schon lange", sagt dazu die Lebensmittelforscherin Alexandra DiFeliceantonio am Virginia Tech's Fralin Biomedical Research Institute. „Aber erst, seit die UPFs in den 1980er-Jahren auf den Markt kamen, sehen wir einen deutlichen Anstieg an Mortalität und Krankheit durch unsere Ernährung." Die hochverarbeiteten Produkte nähmen durch ihre Verarbeitung Verdauungsprozesse vorweg - dadurch vervielfache sich der Dopaminausstoß. Je schneller aber beim Essen das Gehirn „anspringe", desto eher machten Lebensmittel suchtig.

„Fast Food" ist nicht nur „schnell" zu bekommen und zu essen. Es ist auch schnell in der Energieumsetzung. Das liegt daran, dass die Nährstoffe in den hochverarbeiteten Produkten aus ihrem ursprünglichen Strukturverbund wie den Zellen eines Apfels oder dem Korn des Getreides herausgelöst wurden. Ihnen fehlt die Matrix, das sind nicht nur die Ballaststoffe, sondern auch die gesunden sekundären Pflanzeninhaltsstoffe in Schalen und Häuten. Zucker aus Softdrinks geht schnell ins Blut. Zucker aus einer frischen Orange hingegen muss vom Verdauungsapparat erst mit Energieaufwand aus dem Zellverband extrahiert werden und wandert entsprechend langsamer ins Blut.

In den UPFs kommen außerdem industrielle Prozesse zum Einsatz, die Substanzen hervorbringen, die so in der Natur nicht vorkommen: hydrierte Öle, Glucose-Fructose-Sirup, Proteinisolate und Zusatzstoffe. Die Hexenküche der Lebensmitteltechnologie kann mitunter perfekt die sensorischen Eigenschaften von unverarbeiteten oder

VORSICHT, DIESE LEBENSMITTEL SIND OFT HOCHINDUSTRIELL VERARBEITET

Backwaren und Snacks
Weißbrot, Brötchen, Brezen, Croissants, Kuchen, süße Teilchen, Chips, Erdnussflips

Süßigkeiten
Eis, Gummibärchen, Fruchtjoghurts

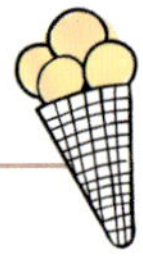

Cerealien
Fertigmüsli, Frühstücksflocken, Müsliriegel

Fleisch- und Wurstprodukte mit Zusätzen
TK-Gerichte (Gyros, Chickennuggets etc.), fertig paniertes Fleisch, Würstchen

Softdrinks
Limonade, Cola, Fruchtsaftgetränke, Fruchtschorlen, Eistee

Tiefkühlpizza
egal ob mit Wurst/Schinken oder vegetarisch

Fertiggerichte
TK-Gerichte, Konserven, Mikrowellengerichte, Kartoffelpüreeflocken

Instantsuppen
egal ob im Becher oder aus der Tüte

nur minimal veränderten Lebensmitteln imitieren oder sogar verstärken - das heißt, der Kuchenteig schmeckt so ähnlich wie ein selbst hergestellter, aber er besteht aus veränderten oder völlig anderen Zutaten. Da diese Lebensmittel veränderte Stoffwechseleigenschaften haben, zum Beispiel ihre behandelte Stärke, kann das Einfluss auf die Zusammensetzung des Mikrobioms haben, etwa wenn der Prozess der Fermentierung von Ballaststoffen gestört wird.

Fragwürdige Zusatzstoffe

Ein weiterer Punkt bei den UPFs ist der Einsatz von Zusatzstoffen. Diese schaffen es entweder durch die Blut-Hirn-Schranke oder sie verändern die Zusammensetzung der Darmbakterien und wirken auf diesem Weg negativ auf das Gehirn. Zum Beispiel Emulgatoren: Im Tierversuch beeinträchtigten sie das Mikrobiom und beförderten Entzündungen. Sie tragen, so Vermutungen, auch zum „Leaky Gut" bei, zur erhöhten Durchlässigkeit der Darmwand mit all ihren negativen Folgen (siehe Seite 17). Zwei der wichtigsten Emulgatoren, so der irische Neurobiologe John Cryan, einer der führenden Experten für das Mikrobiom, verringern nicht nur die Diversität der Darmbakterien, sondern sie führen auch dazu, dass die Darmschleimhaut dünner wird. Sie lösen sie quasi langsam auf. Dann gibt es ein Gedränge unter den Mikroorganismen und der wachsende Druck führt dazu, dass sich Zwischenräume zwischen den Zellen öffnen und der Darm löchrig wird.

Ironischerweise, so Cryan, ist einer der Hauptnutzer der beiden Emulgatoren die „Glutenfrei"-Industrie. Gerade empfindliche Personen mit Zöliakie, die sich glutenfrei ernähren müssten, seien dadurch Substanzen ausgesetzt, die zu neuen Problemen im Darm führen könnten. Auch wer seine Diagnose nicht durch einen Test abgesichert hat, sondern eher versuchsweise zu glutenfreien Produkten greift, sollte das, so Cryan, lieber lassen. 800 000 Menschen leiden in Deutschland unter Zöliakie. Aber ungefähr viermal so viele kaufen, weil sie denken, dass sie sich damit gesund ernähren, glutenfreie Produkte.

Zusatzstoffe müssen ein strenges Zulassungsverfahren durchlaufen, bevor sie zum Einsatz kommen. Dennoch gibt es Bedenken, welche Folgen der langfristige Genuss oder die Kombination mehrerer Zusatzstoffe mit sich bringen könnten. Zudem sind UPFs verpackt und es gibt unter diesen Verpackungen Materialien, die endokrine Signale aussenden, wie Bisphenole und Phthalate aus Kunststoff.

Die NOVA-Liste, eine internationale Klassifikation von Lebensmitteln nach dem Grad ihrer Verarbeitung, nennt die ultraprozessierten Lebensmittel als Klasse 4. Im Internet macht eine Webseite, die auch als App erhältlich ist, kenntlich, welche Produkte zu dieser Klasse gehören (die genaue Adresse finden Sie auf Seite 165). Die NOVA-Klassifizierung ist allerdings nicht perfekt und Gegenstand von Kritik, weil natürlich auch weniger verarbeitete Lebensmittel geringen Nährwert und viele Kalorien aufweisen können - die Liste aber suggerieren könnte, diese seien gesünder.

Vegane Ersatzprodukte

Ein Punkt ist mir hier wichtig, weil er Veganer und Vegetarier betrifft: Eine Studie im Fachjournal „Lancet" sieht echte Risiken der UPFs nur bei den intensivverarbeiteten Fleisch- und Wurstprodukten sowie Softdrinks. Sie gibt Entwarnung unter anderem für ultrahochprozessierte Produkte wie Milch- oder Fleischersatzprodukte. Wegen des hohen Einsatzes an Energie und Wasser für die industrielle Verarbeitung sind ultraprozessierte Lebensmittel allerdings generell nur in Maßen zu empfehlen. Sie basieren meist auf Grundnahrungsmitteln aus Monokulturen (Soja, Hafer, Mais, Reis oder Kokos). Auch wenn sie vielleicht vegan sind - UPFs sind gleichzeitig für 45 Prozent des Verlustes an Biodiversität verantwortlich und für bis zu einem Drittel derjenigen Klimagase, die weltweit auf die Ernährung entfallen.

Ich möchte Sie also - auch mit den wunderbaren Rezepten aus diesem Buch - dazu animieren, selbst zu kochen - mit frischen und regionalen Lebensmitteln. Bei unseren Patientinnen und Patienten erfahren wir immer wieder, welche enorme Wirkung das auf sie hat: das Gefühl, selbst etwas Positives für sich tun zu können. Allein das macht Mut und beschwingt!

DESTRUKTIV AUF ALLEN EBENEN: STRESS

Einen Faktor gibt es, der all diese negativen Vektoren, die auf unsere Psyche einwirken, auf unselige Weise verknüpft, und leider ist er allgegenwärtig: Stress. Dass der zu körperlichen Leiden führt, das ist allgemein bekannt. Wie stark er sich aber auf unsere Denk- und Lernfähigkeit, auf Gefühle und die Psyche auswirkt, das ist vielen Menschen weniger bewusst. Stress ist selbst eine Signalkette aus Botenstoffen und Neuronen, die unserem Körper bei einer echten oder angenommenen Bedrohung zu der berühmten „Flucht-oder-Kampf"-Reaktion verhilft. Eine der typischen Konsequenzen ist, dass unsere Fähigkeit zur Reflexion abnimmt und wir stattdessen instinktiv und gefühlsbetont reagieren - für langes Nachdenken ist keine Zeit, wenn der imaginäre Tiger hinter dem Busch lauert.

Die Stresssignale führen bis in die Amygdala, den Mandelkern im tiefsten Inneren des Gehirns, unser Angst- und Instinktzentrum. Sie werden von den unterschiedlichsten Gefühlen begleitet, Angst oder Aggression, und die Botenstoffe Kortisol und Adrenalin intensivieren sie. Um genügend Energie freizusetzen, erhöht sich der Glukosespiegel im Blut. Manche Menschen entwickeln Heißhunger und greifen zu „Comfort Food" wie Süßigkeiten oder Nudeln, was ihrer Gemütslage nicht lange hilft. Bei anderen blockiert das Verdauungssystem. In jedem Fall bleibt das Botenstoffchaos nicht ohne Folgen für das Mikrobiom: „Zwei Stunden Psychostress reichen schon aus", sagt die Ernährungspsychiaterin Uma Naidoo, „um das gesamte Darmmikrobiom zu verändern." Zu den ersten Opfern zählen ausgerechnet die Laktobazillen, die Zucker in Milchsäure zerlegen, was die Darmwand vor der Ansiedlung „böser" Bakterien und Pilzinfektionen schützt. Nun werden sie von feindlichen Mikroorganismen verdrängt.

Chronischer Stress macht krank

Wie stabil oder instabil ein Mikrobiom ist, hängt von vielen Faktoren ab: der Ursprungsbesiedlung des Darms bei der Geburt, Umwelteinflüssen, Krankheiten, Medikamenten. Fest steht aber, dass chronischer Stress das Mikrobiom ungünstig beeinflusst. Deshalb wird er auch mit mehr Fällen von Depression und Angststörungen in Verbindung gebracht. Er kann zu Verhaltensänderungen führen, wie sozialer Isolation, Suchtverhalten oder Schlafstörungen. Zu den psychosomatischen Reaktionen zählen unter anderem Kopfschmerzen, Muskelverspannungen und Verdauungsprobleme. Stress kann auch zu negativen Denkschleifen führen, welche die körperlich-seelischen Reaktionen weiter verschärfen.

Es gibt keine spezielle Anti-Stress-Ernährung, aber alles, was den Botenstoff-Haushalt stabilisiert und die Nervenzellen schützt, kann Stress entgegenwirken. Tierversuche legen außerdem nahe, dass schon eine einzige neu ins Mikrobiom eingebrachte Bakterienart die negativen Folgen von Stress abmildern kann, so Uma Naidoo. Weitere Forschung wird hier hoffentlich bald Hinweise auf neue Therapiemöglichkeiten geben.

INNERE BALANCE UND STARKE NERVEN: DER ZAUBERKASTEN DER ERNÄHRUNG

Jeder von uns hat schon einmal das Gefühl gehabt, die Nerven zu verlieren. Eine seelische Krise ist nichts, wofür man sich schämen muss, im Gegenteil: Wir sollten unsere Emotionen ernst nehmen - der Körper kommuniziert mit uns. Gefühle sind wichtig - und sie haben großen Einfluss auf unsere Gesundheit. Die Weltgesundheitsorganisation WHO sagt zum Beispiel voraus, dass Depressionen bis 2030 ein treibender Faktor der globalen Krankheitslast werden.

Es gibt wohl kaum jemanden, den die krisenhaften Entwicklungen der letzten Zeit kaltgelassen haben: die Covidpandemie mit all ihren Konsequenzen, die beunruhigenden Anzeichen des Klimawandels und die wachsende Kriegsgefahr, der wirtschaftliche Umbruch ... All das bleibt nicht ohne Folgen - auch für unser Befinden. Noch vor der Depression rangieren Angststörungen mit 17 Millionen Betroffenen an der Spitze der psychischen Erkrankungen in Deutschland. Gerade junge Menschen zeigen zunehmend Symptome der psychischen Überlastung.

Medikamente helfen vielleicht im akuten Krisenfall, aber sie alleine sind keine Lösung. Viele Menschen haben außerdem große Scheu, Psychopharmaka einzunehmen, und nicht zuletzt deshalb haben sie auch Hemmungen, einen psychiatrischen Facharzt aufzusuchen. Genauso kann natürlich niemand alles Übel der Welt aus dem Weg räumen. Aber wir können eines tun: Wir können lernen, mit unseren Gefühlen besser umzugehen und uns nicht von ihnen überwältigen zu lassen. Dabei hilft eine Ernährung, die uns psychisch widerstandsfähiger macht, die Nerven stärkt, den Botenstoffhaushalt stabilisiert - und daneben auch noch für den ganzen Organismus gesund ist. Denn Kopf und Körper lassen sich nicht trennen. Freuen Sie sich also auf das nächste Kapitel mit vielen Informationen und praktischen Tipps!

DEPRESSION UND ERNÄHRUNG:

Wenn der Bauch das Gehirn steuert

Die Forschung kennt eine Bandbreite biologischer Mechanismen zwischen Depression und Ernährung, etwa den Abbau wichtiger Botenstoffe, eine gestörte Hypothalamus-Hypophysen-Nebennieren-Achse, eine eingeschränkte Plastizität des Gehirns oder entzündliche Reaktionen auf eine Zytokinüberproduktion. Die Verbindung zwischen dem Bauch- und dem Kopfhirn ist also mehr als plausibel und die Indizien über Wirkungszusammenhänge mehren sich. Das gilt insbesondere für Langzeitstudien wie eine australische Longitudinaluntersuchung an Tausenden von Frauen, deren mentaler Zustand zum Teil über 22 Jahre verfolgt wurde. Hier zeigte sich vor allem, dass eine möglichst breite Vielfalt gesunder Nahrungsmittel bessere Erfolge gegen eine Depression brachte als das korrekte Einhalten bestimmter Einzelempfehlungen. Behalten Sie das im Kopf, wenn Sie diese von der Ernährungspsychiaterin Uma Naidoo aufgestellte Liste der Dos und Don'ts zu Depression lesen.

BESSER NICHT:

- Zucker oder Glukosesirup in Gebäck, Süßigkeiten und Softdrinks
- Kohlenhydrate mit hohem glykämischen Index (Weißbrot, weißer Reis, Nudeln)
- künstliche Süßstoffe
- Frittiertes, gehärtete Öle (in Chips, Fertiggerichten und Fast Food)
- Nitritpökelsalz (in Fleisch- und Wurstwaren)

GERNE:

- Probiotika (fermentierte Lebensmittel wie unbehandelter Joghurt, Tempeh, Miso, Sauerkraut, Kefir, Kimchi, Kombucha, Buttermilch oder Käse wie Gouda, Mozzarella und Parmesan)
- Präbiotika (Ballaststoffe zum Beispiel aus Hülsenfrüchten, Vollkorngetreide, Bananen, Beeren, Knoblauch, Zwiebeln, Lauch, Kohl, Kartoffeln und Topinambur)
- Kohlenhydrate mit niedrigem glykämischem Index (so wie Vollkornreis, Quinoa, Chia, Haferflocken und Hülsenfrüchte)
- Kohlenhydrate mit mittlerem glykämischen Index (Obst, selbst gemachtes Müsli, Honig, Orangensaft, Vollkornbrot und -nudeln – aber alles in Maßen)
- gesunde Fette (Olivenöl, Nüsse, Avocados)
- Omega-3-Fettsäuren (Fisch – nachhaltig und in geringen Mengen –, Leinsamen, Chiasamen, Walnüsse sowie das aus ihnen gewonnene Öl)
- Vitamin A, Vitamine der B-Gruppe (ganz wichtig B_{12}, das nur in tierischen Produkten vorkommt und daher je nach Ernährungsform eventuell substituiert werden muss) und Vitamin C
- Eisen, Magnesium, Kalium, Zink und Selen
- Gewürze und Kräuter (Safran und Kurkuma; Oregano, Lavendel, Kamille)

„MEDITERRAN PLUS" ALS BASIS:

pflanzenbasierte Mischkost mit asiatischem Twist

Meine Familie und ich essen seit Jahrzehnten mediterran. Ich habe diese Art der Ernährung immer noch nicht über, zumal ab und zu kleine asiatische Einflüsse dazukommen, und empfehle sie nicht nur meinen Patienten, sondern auch Freunden. Sie ist vielseitig, bunt - schließlich isst das Auge auch mit - und sie schmeckt wunderbar, sie ist sozusagen Urlaub zu Hause. Studien belegen, dass diese Mischung von frischen Gemüsen, wertvollen Pflanzenölen und Vollkornbrot, die sich allesamt langsam und stetig im Körper abbauen, zum Wohlbefinden beiträgt und das Leben verlängert. Warum ist das so und was hat mediterrane Ernährung mit der Psyche zu tun?

HAUPTSACHE GEMÜSE!

Das Wichtigste an der mediterranen Vollwertkost ist der hohe pflanzliche Anteil, denn der liefert nicht nur jede Menge Ballaststoffe, willkommenes Futter für die Darmbakterien, sondern auch die sogenannten sekundären Pflanzenstoffe. Sie stecken vor allem in den Schalen, als Teil der Farben und Aromata oder auch der Abwehrstoffe, mit denen die Pflanzen auf dem Feld oder im Garten Schädlinge abwehren. Deshalb ist es auch sinnvoll, Gemüse und Obst aus biologischem Anbau zu kaufen, damit möglichst wenige Pestizide enthalten sind - auch nicht in den Schalen, sodass man diese, wann immer möglich, mitessen kann.

SEKUNDÄRE PFLANZENSTOFFE

Obwohl die sekundären Pflanzenstoffe nur in verschwindend geringen Mengen vorliegen, enthalten gerade sie diejenigen Substanzen, die Gemüse und Obst arzneimittelähnliche Wirkung verleihen. Etwa:

Flavonoide

Das bewirken sie: Diese Gruppe der Pflanzenhormone binden als Radikalfänger aggressive Moleküle, wirken Entzündungen entgegen und schützen so die Nervenzellen. Bei über 82 000 Teilnehmerinnen der Nurses' Health Study zeigte sich, dass die Flavonoide vor allem bei Frauen über 50 die Neigung zu Depressionen verringern. Für andere Wirkungen wie Angstlinderung, Verbesserung der Kognition und Stimulation der Botenstoffe gibt es Hinweise, aber noch keine ausreichenden Forschungsergebnisse.

Darin stecken sie: In roten, blauen, hellgelben und violetten Obst- und Gemüsesorten, zum Beispiel Äpfeln, Beeren, Feigen, Kirschen, Paprika, Pflaumen, Tomaten, Trauben, Schwarzen Johannisbeeren

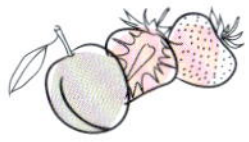

Polyphenole

Das bewirken sie: Sie sind Radikalfänger und haben antientzündliche Eigenschaften. Studien liefern Indizien für vielerlei positive Wirkung auf Nervenzellen: So fördern sie beispielsweise deren Wachstum und damit auch die Plastizität des Gehirns, wirken schützend gegenüber Nervengiften und verbessern die Durchblutung.

Darin stecken sie: Auch hier sind die leuchtenden Farben ein Hinweis auf Wirkstoffe, wobei diese vor allem in den Randschichten vorkommen. Gute Quellen sind Obst wie Äpfel, Beeren, Kirschen, Pflaumen, Trauben, Zitrusfrüchte; Gemüse wie Artischocken, Brokkoli, Chicorée, Grünkohl, Rosenkohl, Spinat, (rote) Zwiebeln; Hülsenfrüchte wie Bohnen, Linsen, Erbsen; Kräuter wie Oregano, Pfefferminze, Rosmarin, Salbei, Thymian; Nüsse und Samen wie Mandeln, Walnusskerne, Leinsamen, Chia; Vollkorn wie Hafer, Gerste, Quinoa; Gewürze wie Zimt, Kurkuma, Nelken; außerdem grüner, schwarzer und weißer Tee, Kaffee- und Kakaobohnen (dunkle Schokolade), Rotwein (Resveratrol aus blauen Trauben)

Terpene

Das bewirken sie: Die Aromastoffe scheinen beim Einatmen auf das limbische System zu wirken und dabei Erinnerungen und Emotionen wecken zu können. Besonders viele stecken in Cannabis- und Hanfpflanzen, etwa im psychoaktiven Tetrahydrocannabinol (THC) und dem Cannabidiol (CBD). Sie verbinden sich mit dem endocannabinoiden System, einem Signalnetzwerk des Körpers, das auch auf körpereigene Botenstoffe reagiert. Terpene wirken auf Stimmung, Appetit und Schlaf, sind beruhigend und angstlösend. Viele wirken auf den Botenstoffhaushalt von Serotonin und Dopamin ein. Insgesamt hängt die Wirkung jedoch stark von Typ und Menge der Aromastoffe ab.

Darin stecken sie: Gewürze wie Zimt, Nelken, Ingwer, schwarzer Pfeffer; Kräuter wie Basilikum, Rosmarin, Thymian, Lavendel, Minze, Hopfen, Cannabis; Nüsse und Kerne wie Pinienkerne; Zitrusfrüchte wie Orangen, Limonen, Zitronen, Grapefruits

L-Theanin

Das bewirkt es: Diese Aminosäure kann die Blut-Hirn-Schranke durchqueren und wirkt beruhigend und entspannend. Sie führt dazu, dass mehr Neurotransmitter gebildet werden, vor allem GABAs (Gamma-Aminobuttersäure), die Gegenspieler zu Histamin. Gleichzeitig schärft L-Theanin die Aufmerksamkeit und verbessert die Denkleistung. In einigen Studien konnte gezeigt werden, dass unter seinem Einfluss der Anteil der Alphawellen im Gehirn zunimmt, ähnlich wie bei der Meditation. Aber nicht alle Menschen reagieren gleich auf Theanin, was auf Kofaktoren schließen lässt.

Darin steckt es: vor allem in grünem Tee

Koffein

Das bewirkt es: Blockiert einen Neurotransmitter, der für Beruhigung zuständig ist (Adenosin), gleichzeitig wird die Bildung von Dopamin und Noradrenalin stimuliert. Beide Hormone fördern die Aufmerksamkeit, die Konzentrationsfähigkeit und schnelles Denken. Die Empfindlichkeit für diese Wirkungen ist allerdings wiederum individuell sehr unterschiedlich.

Darin steckt es: Kaffee, schwarzer und grüner Tee, Mate

VITAMINE UND MINERALSTOFFE

Dass Vitamine so gesund sind, weiß man erst seit dem Ende des 19. Jahrhunderts. Man leitete das aus Mangelkrankheiten ab, die auftraten, wenn bestimmte Nahrungsbestandteile fehlten, zum Beispiel bei weiß poliertem Reis. Casimir Funk (1884–1967), ein polnisch-amerikanischer Biochemiker, prägte den Namen Vital-Amine, kurz „Vitamine“, weil er die Substanzen irrtümlich für Aminosäuren hielt. Weil dann in rascher Folge immer mehr dieser Stoffe entdeckt wurden, buchstabierte man sie nach dem Alphabet durch.

ACE

Das bewirken sie: Die Vitamine C und E sowie das Retinol als Vorläufersubstanz des Vitamins A wirken zum Beispiel als Radikalfänger, auch im Gehirn.

Darin stecken sie: Dunkelgrüne und leuchtend gelbe, rote oder orangefarbene Gemüse wie Grünkohl, Karotten, Kürbis, Paprika, Spinat (Retinol), Brokkoli, Grünkohl, Wirsing, Fenchel, rote Paprika, Petersilie, Schwarze Johannisbeeren, Zitrusfrüchte (Vitamin C); Nüsse und Samen sowie daraus hergestellte Öle (Vitamin E)

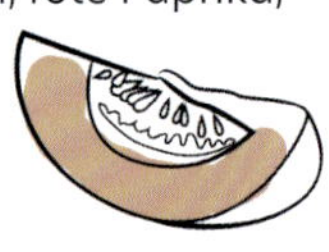

Vitamin K

Das bewirkt es: ist zentral wichtig für den Fettstoffwechsel der Nervenzellen im Gehirn.

Darin steckt es: Grünkohl, Spinat, Brokkoli, Schnittlauch

Folsäure

Das bewirkt sie: Folsäure, auch Vitamin B_9 genannt, ist unerlässlich für die Bildung von Neurotransmittern.

Darin steckt sie: Rosenkohl, Brokkoli, Grünkohl, Spinat, Feldsalat, Kichererbsen

Mineralstoffe

Das bewirken sie: Sie sind besonders wichtig für das Funktionieren von Nervenzellen, so wie zum Beispiel Magnesium und Zink für die Synapsen.

Darin stecken sie: Blattgemüse wie Spinat (Magnesium), Nüsse und Samen wie Mohnsamen und Kürbiskerne (Zink), Vollkorn, Trockenfrüchte, Hülsenfrüchte wie Sojabohnen und Erbsen

BALLASTSTOFFE

Neben ihrem unmittelbaren Einfluss auf den Stoffwechsel der Neurotransmitter und Nervenzellen haben Gemüse und Obst auch noch eine zweite wichtige Wirkung: Sie versorgen die „guten“ Darmbakterien mit Nahrung! Das pflegt das uns schützende Mikrobiom. Wenn die für uns unverdaulichen pflanzlichen Fasern von den Bakterien aufgeschlossen werden, setzt das außerdem noch wertvolle Stoffe für den Organismus frei, wie zum Beispiel Vitamin K (siehe oben) oder kurzkettige Fettsäuren. Dass faserreiche Nahrungsmittel als **Präbiotika** wirken und gegen Depression, Angst und Stress helfen, zeigte sich zum ersten Mal im Jahr 2018 in einer Studie.

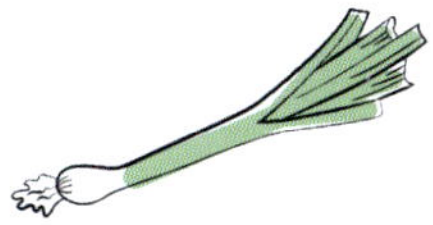

Inulin

Das bewirkt es: Dieser lösliche Ballaststoff, auch als Zusatz zu Lebensmitteln, um sie cremiger zu machen, nährt die guten Darmbakterien und ist ein natürlicher Zuckerersatz. Es senkt die Blutfette, etwa Triglyzeride, ist knochengesund und immunstärkend.

Darin steckt es: Chicorée, Lauch, Zwiebeln, Spargel, Knoblauch, Artischocken, Linsen, Bohnen, Brokkoli, Fenchel, Rüben, Topinambur

Oligofruktose

Das bewirkt sie: Dieses spezielle Inulin fördert besonders das Wachstum der gesundheitsförderlichen Bifidobakterien im Darm. Es dient ebenfalls als Zuckerersatz, steigert das Sättigungsgefühl und fördert die Aufnahme von Kalzium und Magnesium – ein Faktor für Knochengesundheit.

Darin steckt sie: Lauch, Zwiebeln, Spargel, Knoblauch, Artischocken, Bananen

Oligogalaktose

Das bewirkt sie: Diese Zuckerform, mitunter Lebensmitteln zugesetzt, um sie „faserreich" zu machen, ernährt das Mikrobiom, auch die guten Bifidobakterien, und wirkt positiv auf das Immunsystem ein. Sie wirkt zudem regulierend auf den Blutzucker.

Darin steckt sie: Hülsenfrüchte

Resistente Stärke

Das bewirkt sie: Diese Fasern werden im Dünndarm größtenteils nicht aufgelöst, sondern erreichen den Dickdarm, wo sie von den dort ansässigen Bakterien fermentiert werden. Dabei entstehen kurzkettige wertvolle Fettsäuren, die ein gesundes Mikrobiom, aber auch den menschlichen Stoffwechsel fördern und Entzündungsvorgängen entgegenwirken. Resistente Stärke, verbessert unter anderem die Sensitivität für Insulin, reguliert den Blutzucker und fördert die Verdauung.

Darin steckt sie: Süßkartoffeln, grüne Bananen, Bohnen, Kichererbsen, Linsen, Hafer und Gerste – sowie in gekochten, dann wieder abgekühlten Kartoffeln, Nudeln und Reis

Pektin

Das bewirkt es: Dieser lösliche Ballaststoff bildet Gele und wird deshalb auch als Verdicker und wegen seiner Struktur zur Reduktion von Fett in Lebensmitteln eingesetzt. Er senkt das Cholesterin, reguliert den Blutzucker, nährt das Mikrobiom und wirkt Entzündungen entgegen.

Darin steckt es: Brokkoli, Rosenkohl, Süßkartoffeln, Äpfel, Trauben, Zitrusfrüchten, Beeren

Zellulose

Das bewirkt sie: Ihre Fasern sind unverdaulich, werden also nicht von den Darmbakterien fermentiert. Aber sie haben dennoch gesundheitlichen Nutzen: Sie quellen im Darm auf und erhöhen damit das Sättigungsgefühl, fördern die Verdauung, indem sie den Transit des Speisebreis verkürzen, und beugen Divertikeln (Ausstülpungen der Darmschleimhaut) vor, auch Darmkrebs. Sie stärken außerdem die Herzgesundheit.

Darin steckt sie: Brokkoli, Rosenkohl, Süßkartoffeln, Weizenkleie, Salate

Lignin

Ist wie die Zellulose ein pflanzliches Stützmaterial und zählt ebenfalls zu den wasserunlöslichen Ballaststoffen.

Darin steckt es: Mais, Getreide, Kartoffeln, Bohnen, Kleie

OBST ALS GESUNDES ADD-ON

Der Erste, der die mediterrane Küche als Gesundheitskonzept empfahl, war der US-Physiologe Ancel Keys (1904–2004). Er hatte den Einfluss der Ernährung auf die Herzgesundheit in verschiedenen Ländern untersucht. Als Konsequenz räumte er Früchten deutlich weniger Raum ein als dem Gemüse. Doch auch Obst enthält viele Polyphenole und hitzeempfindliche Vitamine. Es reduziert daher den oxidativen Stress durch freie Radikale und sein Kalium- und Wassergehalt sind wichtig, um die Leitfähigkeit der Neuronen zu erhalten.

Allerdings enthält Obst neben den gesunden Fasern auch meistens erhebliche Anteile an Fruchtzucker, der sich schnell in Glukose umsetzt. Das sollte man bei der Auswahl und Menge der verzehrten Früchte berücksichtigen und süße Früchte zum Beispiel nicht zwischendurch essen, sondern nach einer Mahlzeit (siehe auch Seite 48).

DER BOOSTER: GEWÜRZE UND KRÄUTER

Auch wenn man sie nur in kleinen Mengen verwendet: Gewürze haben es in sich. Sie können die stimmungsmodulierende Wirkung einer Mahlzeit um ein Vielfaches potenzieren, sind kalorienarm und wohlschmeckend. Für die aus Südafrika stammende Ernährungspsychiaterin Uma Naidoo mit indischen Wurzeln sind Gewürze als Arznei ein Teil der Esskultur ihrer Vorfahren und der ayurvedischen Tradition. Sie verändern den Stoffwechsel.

Die meisten Gewürze haben die ausgeprägte Eigenschaft, dass sie Radikale unschädlich machen können, bindungsfreudige Moleküle, die großen Schaden anrichten können. Sie schützen also Zellen, auch Neuronen. Man kann dieses Potenzial messen, als „oxygen radical absorbance capacity" (ORAC). Die folgende Grafik zeigt die Rangfolge einzelner Gewürze; werden sie gemeinsam eingesetzt, multipliziert sich diese Wirkung noch.

GEHALT AN ZELLSCHÜTZENDEN SUBSTANZEN IN GEWÜRZEN UND KRÄUTERN

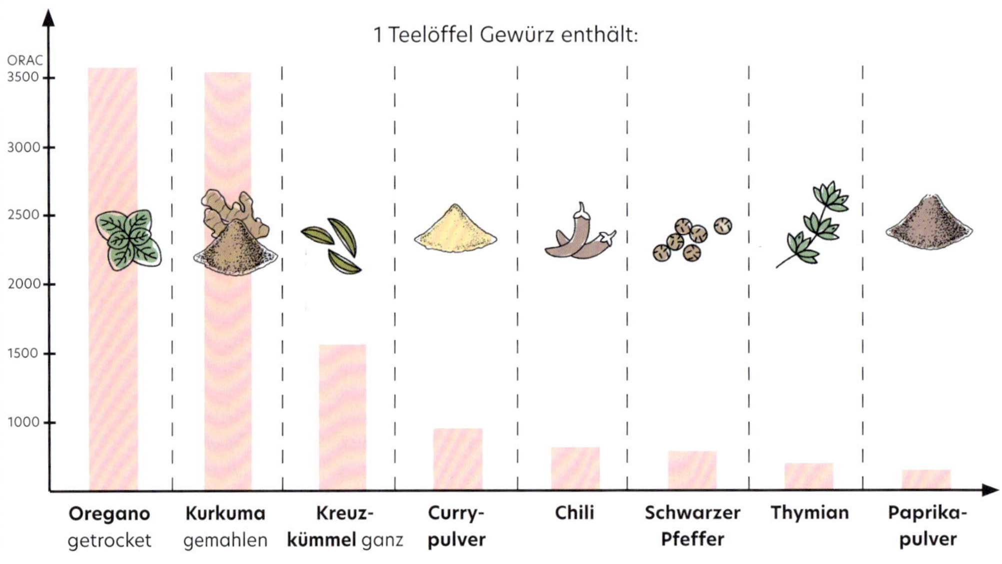

Andere Gewürze verhelfen zu guter Laune, wie der englische Pflanzenforscher Christopher Catton schon im 19. Jahrhundert zum Beispiel über **Safran** schrieb: „Er hebt die Geister und löst Lachen und Fröhlichkeit aus." Als Nahrungsergänzung hat Safran ähnliche Wirkung wie das Antidepressivum „Prozac" (Fluoxetin): Es hebt die Spiegel von Dopamin und Glutamat. Gleichzeitig verbessert es die Hirnleistung. Safran ist ein besonders kostbares Gewürz, angeblich das teuerste der Welt. Es wird handverlesen und sorgsam getrocknet. Zum Glück benötigen wir nur wenige Fäden davon.

Potente Nervenmittel sind **Kurkuma** und das daraus gewonnene Kurkumin, das auch Bestandteil der unterschiedlichen Currymischungen ist. Beide harmonisieren die Hirntätigkeit und schützen die Neuronen vor Schäden. Sie wirken regulierend auf den Hippocampus und die Hirnchemie ein – das wurde in klinischen Studien bestätigt. Sogar Folgen der Alzheimererkrankung konnten gemildert werden. Als Nahrungsergänzungsmittel verabreicht ist Kurkumin sogar stärker antidepressiv als vergleichsweise ein Placebo. Beim Würzen, so die Ernährungsexpertin Uma Naidoo, müsste man dazu aber mindestens vier Teelöffel täglich verwenden, was vermutlich unrealistisch sei. Also empfiehlt sie, Messerspitzen von Kurkuma so oft wie möglich zu verwenden, auch in Suppen oder Eintöpfen, in Tees oder Salatsaucen. Kombiniert mit schwarzem Pfeffer erhöht sich seine Bioverfügbarkeit um das 20-Fache! Wer die Kurkumawurzel lieber als Ganzes verwendet (Handschuhe anziehen wegen der gelben Farbe!), profitiert von ihren weiteren wertvollen Pflanzeninhaltsstoffen.

Oregano, das herbe Wildkraut aus den Berglandschaften des Mittelmeers, ist besonders wirkstoffreich. Es hat antibakterielle und pilztötende Eigenschaften. Im Tierversuch wirkt es depressiven Symptomen entgegen, vermutlich durch den Stoff Carvacrol. Auch Oregano schützt die Nervenzellen.

Pfeffer, Zimt, Rosmarin und Ingwer wirken anregend, **Bockshornklee** erhöht bei Männern das Testosteron und stärkt Libido und Potenz. Wer gerne scharf isst und das verträgt, sollte häufig **Chilis** verwenden: Ihr Capsaicin macht munter und weckt die Lebensgeister, auch bei chronischer Müdigkeit. Außerdem wirkt es schmerzlindernd, denn es führt zur Freisetzung von Endorphinen, körpereigenen Opioiden. Es verbessert Stoffwechsel und Durchblutung, stärkt die Insulinempfindlichkeit und wirkt antientzündlich.

Die indische Küche, die in einer Region entstanden ist, wo viele Gewürze ihren Ursprung haben, ist besonders reich an verschiedensten Aromen – die auch in der ayurvedischen Tradition eine Rolle spielen. Aber auch die Thaiküche, die vietnamesische und die des Orients sind voller Geschmäcker und gesunder Gewürze. Häufig bieten sie auch durch die Intensität ihres Würzens Alternativen zu unserer Fleischküche mit ihren Saucen, weshalb die Rezepte (ab Seite 53) zum Teil auch von diesen Länderküchen inspiriert sind.

Es lohnt sich, die kleinen Helfer nicht nur des Geschmacks wegen einzusetzen, sondern sie auch als Stimmungsaufheller zu verwenden. Nicht ohne Grund waren Kräuter und Gewürze in allen traditionellen Heilkunden vor allem Arzneimittel - von der Antike über die arabischen Ärzte, welche die alten Texte übersetzten und so wieder zugänglich machten, bis zum Klostergarten der Hildegard von Bingen (1098–1197). Nutzen Sie Gewürze und Kräuter also großzügig, wo immer es geht: in Salaten und auf Suppen.

AUSGEWÄHLTE GEWÜRZE UND IHRE WICHTIGSTEN EIGENSCHAFTEN

Chili
Blutzuckerstabilisierend, antientzündlich, schmerzlindernd, setzt Endorphine frei

Ingwer
Stimmungsaufhellend, wärmend, antientzündlich, gegen Übelkeit

Kakao
Stimmungsfördernd

Kurkuma
Harmonisiert den Botenstoffwechsel im Gehirn, schützt Nervenzellen, verbessert die kognitive Leistung, wirkt antidepressiv (zur besseren Bioverfügbarkeit mit Pfeffer kombinieren!)

Lavendel
Beruhigend, entspannend, angstlösend

Minze
Belebend, stimmungsaufhellend, aufmerksamkeitsstärkend

Oregano
Antibakteriell, pilztötend, antidepressiv, schützt die Neuronen

Rosmarin
Fördert die Gedächtnisleistung und hilft, sich besser zu erinnern, entzündungshemmend

Safran
Antidepressiv, stimmungsaufhellend, stimuliert körpereigene Botenstoffe

Thymian
Entzündungshemmend

Vanille
Beruhigend, wohltuend, lindert Stress

Zimt
Wärmend, stimmungsaufhellend, blutzuckerstabilisierend (Ceylon-Zimt ist gesünder als Cassia-Zimt, der in größeren Mengen Kopfweh, Übelkeit und Schwindel hervorrufen kann)

OMEGA 3: AUS FISCH ODER PFLANZE?

Fisch ist ein klassischer Bestandteil des mediterranen Essens. Außerdem enthält er, vor allem, wenn er im Kaltwasser gelebt hat, die wichtigen Omega-3-Fettsäuren. Im Laufe der Evolution hat vermutlich der Zeitpunkt, als die Menschen zu fischen begannen, zu einem Entwicklungssprung geführt, weil sich mit der neuen Nahrung auch das Gehirn entwickelte. Fisch zu essen ist theoretisch auch heute noch gesund, aber die Meere sind so stark überfischt, dass die verbleibenden Bestände dringend geschont werden müssen. Zudem enthält Fisch giftige Schwermetalle, die der Mensch in die Ozeane eingeleitet hat. Hinzu kommt: Die meisten Aquakulturzuchten haben eine schlechte Klimabilanz.

Warum sind Omega-3-Fettsäuren aber überhaupt so wichtig? Vor allem Eicosapentaensäure (EPA) und Docosahexaensäure (DHA), zwei aus dem Omegaspektrum, sind unverzichtbare Bestandteile der Membranen der Nervenzellen. Schon während der Schwangerschaft hängt die Entwicklung des Gehirns von diesen mehrfach ungesättigten Fettsäuren ab. Nur mit ausreichend EPA und DHA in ihrer Membran funktionieren die Signalketten der Neuronen. Sie spielen auch eine wichtige Rolle bei der Ausschüttung und der Resorption der Neurotransmitter. DHA zum Beispiel findet sich besonders in den Synapsen und schützt das Neuron in diesem empfindlichen Teil vor Schäden. Diese Fettsäuren kann der Organismus nicht in ausreichender Menge allein herstellen, sondern muss sie mit der Nahrung aufnehmen.

Dass das aber nur mit Fisch geht, ist ein Mythos. Pflanzen sind durchaus eine Alternative zu Lachs und Makrele, allen voran Algen und Seegras, aus denen schließlich auch die Fische ihr Fett ansetzen. Pflanzen enthalten zwar eine andere Omega-3-Fettsäure, die kurzkettige Alpha-Linolensäure (ALA). Unser Organismus kann diese aber in langkettiges EPA und DHA umbauen. Zwar liest man immer wieder, dass diese Umwandlungsrate nicht gut sei. Aber je weniger EPA und DHA aus tierischen Quellen man zu sich nimmt, desto besser scheint der Prozess der Umwandlung zu funktionieren. Ich selbst bin laut meiner Bluttests mit Omega-3-Fettsäuren sehr gut versorgt, obwohl ich sie nur aus pflanzlichen Quellen aufnehme.

Noch ein Hinweis: Omega-3-Supplemente wurden in jüngster Zeit in Studien mehrfach mit dem Auftreten von Herzrhythmusstörungen in Verbindung gebracht, ohne dass die Ursache klar war. Bevor Sie Nahrungsergänzungsmittel einnehmen, sollten Sie auf jeden Fall immer mit Ihrem Arzt oder Ihrer Ärztin sprechen.

Pflanzliches Omega 3

Leinsamen, aber auch Chia und Walnüsse liefern besonders viel Omega 3. In Leinsamen sind Glykoside in kleinen Mengen vorhanden, die im Rahmen der Verdauung zu Blausäure umgewandelt werden können. Normalerweise stellen sie kein Gesundheitsrisiko dar, wenn Leinsamen in üblichen Mengen konsumiert werden. Dennoch ist es ratsam, Leinsamen nicht in übermäßigen Dosen zu essen, besonders wenn sie nicht erhitzt wurden, da dies zu einer erhöhten Aufnahme von Blausäure führen könnte. Der tägliche Verzehr von zwei Esslöffeln Leinöl oder geschroteten Leinsamen reicht jedoch bereits aus, um den Omega-3-Bedarf zu decken. Also: keine Gefahr!

Leinsamen enthalten nicht nur Omega-3-Fettsäuren, sondern haben viele andere gesundheitliche Vorteile: Sie sind darmpflegend durch ihre vielen Ballaststoffe, stärken das Mikrobiom, helfen der Verdauung nach, senken nachweislich den Blutdruck, stabilisieren den Glukosehaushalt und vieles mehr. Ich kann Ihnen die zwei Löffel Leinsamenschrot oder -öl am Tag also nur empfehlen: Es gibt kein Medikament mit ähnlich weitem Spektrum!

Übrigens ist auch Algenöl eine sehr gute Omega-3-Quelle. Hier sollten Sie aber nichts aus dem Internet, sondern aus absolut vertrauenswürdiger Quelle kaufen und sich auch beraten lassen, da Algenpräparate sehr viel Jod enthalten und auf die Schilddrüse wirken können.

DAS GOLD DES MITTELMEERS: OLIVENÖL

In der Antike galt das Öl der Olivenbäume als Heilmittel, das zum Beispiel zum Desinfizieren von Wunden verwendet wurde. Auch heute noch schätzen wir es nicht nur wegen seines Aromas, sondern auch wegen seiner Eigenschaften. Olivenöl hat im Vergleich zu Lein- oder Rapsöl mit nur etwa 10 Prozent zwar einen geringeren Anteil an den besonders gesunden mehrfach ungesättigten Fettsäuren. 70 Prozent jedoch sind herzfreundliche einfach ungesättigte Fettsäuren. Zudem enthält Olivenöl Ölsäure und Oleocanthal, Substanzen,

DURCHSCHNITTLICHE FETTSÄUREGEHALTE IN PROZENT

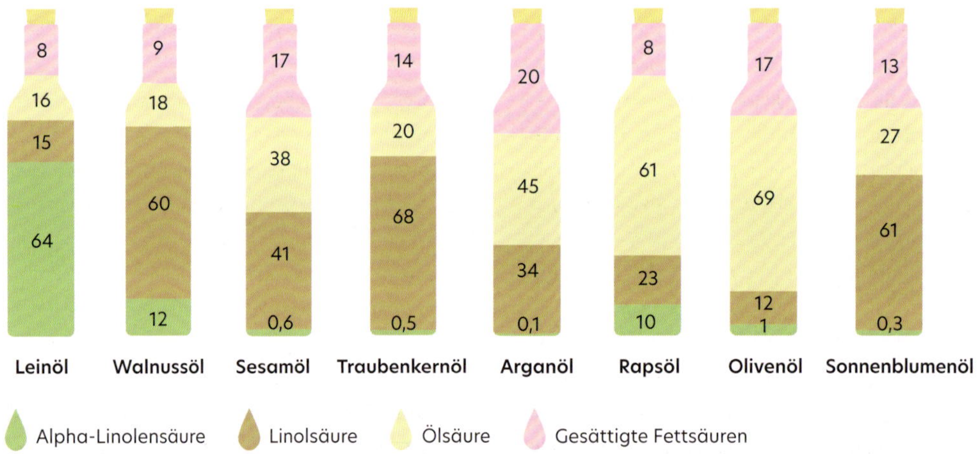

Öle unterscheiden sich anhand ihrer Fettsäuremuster. Je mehr Alpha-Linolensäure (Omega 3) sie enthalten, desto besser wirken sie Entzündungen entgegen. (Die Angaben können je nach Herkunft der Öle abweichen.)

die ähnlich wirken wie antientzündliche Rheumamedikamente, nur milder. Olivenöl wirkt Schäden durch Oxidation entgegen. Vor allem das biologisch erzeugte, kalt gepresste (extra vergine) und nicht erhitzte ist deshalb ein wichtiger Teil einer gesunden Ernährung.

FLEISCH – DER TANZ UMS GOLDENE KALB

Kann es sein, dass Vegetarier öfter Depressionen bekommen als Fleischesser, und wenn ja: Liegt das an ihrer Ernährung oder an einer generell sorgenvolleren Lebenseinstellung? Immer noch scheiden sich am Fleischkonsum die Geister, dabei geht es hier längst nicht mehr um Ideologien, sondern um Fakten: Fleisch, insbesonderes rotes Fleisch, hat durch seine gesättigten Fette sowie tierische Proteine, die Entzündungen im Körper fördern, negative Auswirkungen auf die Gesundheit. Außerdem führt seine Erzeugung häufig zu Tierleid und verursacht große Mengen an klimaschädlichen Emissionen. Es macht also Sinn, den Fleischkonsum drastisch einzuschränken. Aber auch ganz?

Fleisch hat gesunde Inhaltsstoffe, die in Pflanzen seltener vorkommen oder schlechter zugänglich sind, wie Eisen, Zink und Vitamin D. Vor allem aber enthält es Vitamin B_{12}, das überwiegend in tierischen Produkten vorkommt und besonders wichtig ist für einen ausgeglichenen Gefühlshaushalt. Dass Vegetarier zu einem höheren Prozentsatz Depressionen entwickeln, könnte mit einem B_{12}-Mangel zusammenhängen. Niko Rittenau, veganer Koch aus Kärnten, Ernährungsberater und Star der Veganerszene, betont, wie wichtig es für Veganer ist, Vitamin B_{12} zu supplementieren. Gleichzeitig setzt er auf das Laborfleisch der Zukunft, in das man die heute in den Ersatzprodukten noch fehlenden Substanzen biotechnologisch einbauen könnte. Doch seit seine Lebenspartnerin trotz unauffälliger Laborwerte unter unklaren neurologischen Beschwerden litt, die anscheinend mit der Art ihrer veganen Ernährung zusammenhingen, erklärt auch Niko Rittenau, dass es Situationen gibt, in denen die vegane Ernährung nicht für alle Menschen optimal ist. Ich empfehle Ihnen deshalb, eine kleine Menge Fleisch in Ihren Speiseplan einzubauen, also flexitarisch zu leben: mit vielleicht 150 Gramm pro Woche (das verzehrt der durchschnittliche deutsche Mann zurzeit am Tag).

Auch Milchprodukte liefern B_{12}, aber nur wenig Eisen - auch auf dieses müssen Veganer und Vegetarier in jedem Fall achten, denn es ist wichtig für den Sauerstofftransport im Gehirn. Eisen steckt aber nicht nur im Fleisch, es findet sich auch in Hülsenfrüchten wie Linsen, Kichererbsen und Bohnen, in Vollkorn wie Hafer und Quinoa, in Mandeln, Kürbis- und Sonnenblumenkernen. Blattgemüse enthält ebenfalls viel Eisen, ebenso Trockenfrüchte wie Aprikosen, Pflaumen und Rosinen. Da pflanzliches Eisen aber stärker gebunden ist als das im Fleisch, verstoffwechselt es sich schwerer und sollte daher mit Vitamin-C-reichen Nahrungsmitteln kombiniert werden. Sie brechen die Verbindungen auf.

Achtung: Einige pflanzliche Inhaltsstoffe wie Phytate und Polyphenole bremsen die Aufnahme von pflanzlichem Eisen, weil sie molekulare Verbindungen mit ihm eingehen. Dazu zählen zum Beispiel Tannine und Polyphenole in Tee, Kaffee oder blauen Trauben und Rotwein. Sie sollten deshalb nicht gemeinsam mit eisenhaltigen Nahrungsmitteln gegessen werden. Das gilt auch für Eier und Kalzium (Achtung: auch in angereicherter Pflanzenmilch). Spinat übrigens liefert gar nicht so viel Eisen, wie man allgemein annimmt: Er enthält Oxal- und Phytinsäure, welche die Eisenumwandlung bremsen. Phytinsäure steckt auch in vielen anderen besonders gesunden Nahrungsmitteln wie Vollkorn, Hülsenfrüchten, Nüssen und Samen.
Hier hilft es, dem Prozess des Aufschließens auf die Sprünge zu helfen: durch Einweichen, Kochen oder Fermentieren.

Wer vegetarisch oder vegan lebt, sollte sich jedenfalls gut auskennen, was seine körperlichen und seelischen Bedürfnisse und Notwendigkeiten angeht. Und seinen Nährstoffspiegel, insbesondere Vitamin B_{12}, jährlich vom Arzt bestimmen lassen. Viele Veganer substituieren ihre Nährstoffe mit speziell auf sie zugeschnittenen Multivitamintabletten, etwa mit proveg essentials+. Am besten ist es darüber hinaus natürlich, selbst zu kochen, was in der Küche aber durchaus Umstellungen erfordert und erst einmal eine Herausforderung ist. Es lohnt sich, vielleicht mal einen Wochenendkurs zu belegen, um das Wichtigste über Aromen oder Saucen und ein paar Tricks zu lernen. Dann können Sie womöglich bald das breite Angebot an Fertigprodukten, das auch für diese Gruppe existiert, links liegen lassen: Nicht alles, was kein Tier enthält, ist automatisch auch gesund.

Noch ein Tipp für Veganer: Tempeh, ein fermentiertes Sojaprodukt, enthält viel Vitamin B_{12}, genauso wie Nori, getrocknetes Seegras (aus dem Bioladen). Es schmeckt nach Meer und Salz, man kann es sehr gut als Gewürz verwenden.

FERMENTATION UND KEIMEN

Eine wertvolle Ergänzung unserer psychobiotischen mediterranen Kost sind zwei Verfahren, mit denen wir noch ein Plus an wertvollen Inhaltsstoffen aus unserer Ernährung gewinnen können. Die eine, die Fermentation, wird seit mehreren Tausend Jahren von Menschen praktiziert und ist eine der ältesten Kulturtechniken der Welt. Sie dient auch heute noch der Haltbarmachung, der geschmacklichen Verfeinerung und dem Herstellen spezieller Lebensmittel - wie Joghurt, Sauerkraut oder Miso, Bier oder Wein. Erledigt wird der Prozess der Fermentierung, der Umwandlung von Zucker in Hefe oder Schimmel, durch Mikroorganismen. Der Mensch muss ihnen nur die richtige Umgebung bieten und sie füttern.

Wenn wir fermentierte Lebensmittel essen, Kimchi zum Beispiel, ein traditionelles Gericht aus Korea, nehmen wir lebendige Bakterienkulturen zu uns, die sogenannten **Probiotika**. Diese, vor allem Bifidobakterien und Laktobazillen, ergänzen die Bataillonen freundlicher Bakterien in unserem Darm und verbessern zugleich deren Lebensbedingungen. Das hat positive Wirkung auf das Vorhandensein von Neurotransmittern wie Serotonin, Dopamin und GABA. Probanden, die einen Monat lang Probiotika zu sich nahmen, berichteten anschließend von besserer Laune. Sie hatten außerdem weniger Stresshormone in ihrem Urin.

Probiotika aus Fermentation stecken in naturbelassenen Joghurts (nicht erhitzt, kein Zucker), in Kefir, Buttermilch oder Kombucha, die sich alle auch ohne großen Aufwand selbst herstellen lassen. Dasselbe gilt für „Pickles", eingelegtes Gemüse wie Gurken, Zwiebeln, Blumenkohl, Paprika und natürlich (unbehandeltes) Sauerkraut. Cheddar, Mozzarella und Gouda enthalten ebenfalls probiotische Bakterien. In der „Nordic Diet", einer regional angepassten Variante der Mittelmeer-Diät, kompensieren sie die klimabedingt reduzierte Vielfalt an Gemüsen.

Wie genau Fermentiertes auf die Psyche wirkt, ist nicht ganz klar. Dennoch schützt es die Nervenzellen des Gehirns, bremst ihren Abbau und verbessert die Denkleistung. Menschen mit instabiler Psyche, Neurotiker, entwickeln weniger soziale Ängste. Für den Verzehr von Kimchi etwa ist das nachgewiesen. Apfelessig, ebenfalls ein Ergebnis der Fermentation, ist sogar vielfach gesund: Vor einer Mahlzeit ein Esslöffel in einem Glas Wasser senkt deutlich den Blutzucker (siehe Seite 48).

Sprossen und Keime

Die zweite gesunde Technik, mit der wir mehr psychogesunde Wirkstoffe in unsere Mahlzeiten bringen können, ist es, Sprossen zu züchten - aus Samen, Bohnen, Nüssen oder Getreide. Keime, etwa Weizenkeime, tragen rund 40-mal mehr an Vitaminen (C, E und K) und Mineralstoffen in sich als die erwachsene Pflanze, schließlich ist in ihnen das gesamte Programm für ihre Entwicklung bereits angelegt. Phytinsäure oder Tannine, welche die Verstoffwechslung bremsen, werden beim Keimen reduziert. Enzyme bauen Fasern und Fette ab, was die Verdaulichkeit erhöht. Keime liefern mehr Aminosäuren und weniger Allergene als die ausgewachsenen Pflanzen. Sie enthalten außerdem jede Menge Antioxidanzien.

Sprossen kann man in den verschiedensten Geschmacksrichtungen wählen, zum Beispiel aus Koriandersamen, Basilikum, Brokkoli, Rettich und Sonnenblumenkernen, und sie sehr vielseitig verwenden: Sie schmecken aufs Brot gestreut, in Suppen, auf Salaten oder zu Hauptgerichten. Wer sie nicht selbst in dem kleinen „Garten" auf dem Fensterbrett ziehen möchte, findet heute in jedem besser sortierten Supermarkt eine gute Auswahl. Zu meinen Favoriten gehören:

- Alfalfa: nussiger Geschmack, reich an Folsäure, Vitamine C und E
- Brokkoli: schmeckt mild, leicht bitter, das Sulphoraphan in ihm wirkt entzündungslindernd und krebsvorbeugend
- Mungo- und Sojabohnen: neutral schmeckend, dabei aber sehr Vitamin-C-reich
- Rettich: leichte Schärfe, Radikalfänger, antientzündlich

12 SUPERFOODS FÜR DIE SEELE:

die Top-Lebensmittel für Hochstimmung im Gehirn

KURKUMA

Die in ihrem Inneren leuchtend gelbe Wurzel, in Asien gilt sie als Heilpflanze, enthält das Polyphenol Kurkumin, das entzündungslindernd wirkt und gegen Depressionen und Angsterkrankungen helfen kann. Kurkuma schärft das Denken und vertreibt Fatigue. Kombiniert mit schwarzem Pfeffer erhöht sich die Bioverfügbarkeit und damit die Wirksamkeit. Gemahlen ist Kurkuma Bestandteil der Currypulver. **Tipp**: Die frische Wurzel reiben, am besten mit Handschuhen, wegen der Farbe. In Kapselform und als Nahrungsergänzungsmittel sollten nicht mehr als 180 bis 200 Milligramm täglich eingenommen werden.

WALNÜSSE

Alle Nüsse sind gesund, besonders wertvoll aber sind Walnüsse, denn sie wirken gleichzeitig auf Gehirn und Darm. Unter anderem senken sie das Enzym Alpha-Amylase, was die These stützt, dass Walnüsse vor Stress schützen. Omega-3-Fettsäuren, Antioxidanzien, Melatonin, Polyphenole, Folsäure und Vitamin E tragen zur besseren psychischen Gesundheit bei. **Tipp:** Essen Sie täglich eine halbe Tasse Walnüsse.

ZIMT

Schon der Duft verbessert die Gehirnleistung! Die Rinde des asiatischen Zimtbaumes vereint sehr viele positive Eigenschaften: Sie stärkt das Erinnerungsvermögen, wirkt beruhigend, lindert Entzündungen, stabilisiert den Blutzuckerspiegel und es gibt auch Anzeichen, dass sie schädliche Proteinablagerungen im Gehirn reduziert. Am wertvollsten ist der aus Sri Lanka stammende Ceylon-Zimt. Er enthält kaum von dem leber- und nierenschädigenden Kumarin, das vor allem im billigeren Cassia-Zimt steckt, der meist aus Kostengründen in der Lebensmittelproduktion eingesetzt wird. Doch Erwachsene müssten schon mehr als 24 kleine Zimtsterne essen, um die empfohlene Verzehrmenge bei Cassia zu überschreiten (Kinder: sechs). **Tipp:** Zimt passt nicht nur zu Süßspeisen, sondern kann auch Gemüse, Suppen und Eintöpfe verfeinern.

LEINSAMEN

Zwei Esslöffel reichen aus, um den täglichen Omega-3-Bedarf zu decken - aus pflanzlicher Quelle. Wer den bitteren Geschmack nicht scheut, kann auch das kalt gepresste Öl verwenden: als klassisches Gericht über Pellkartoffeln und Quark oder in den Frühstücksjoghurt gemischt. Der gelbe Goldleinen enthält etwas weniger Omega-3-Säuren als sein brauner Verwandter, quillt aber stärker auf. Leinsamen pflegen die Darmschleimhaut und fördern die Verdauung. Sie liefern Kalium und Magnesium, Eisen, Kalzium, Vitamin B und E. Sie hellen die Stimmung auf. **Tipp für bessere Wirkung:** Verwenden Sie die geschroteten Samen und trinken Sie dabei ausreichend!

HAFER

Dieses besonders gesunde Getreide hat rundherum nur positive Eigenschaften! Es stabilisiert den Blutzuckerspiegel und vereint viele Vitamine, Eisen, Biotin, Magnesium und Silizium. Besonders Zink, B_1 und B_6 stärken die Nerven. Seine Ballaststoffe enthalten Beta-Glukan, das den Cholesterinspiegel senkt. Hafer pflegt auch die Darmschleimhaut und lindert Magen-Darm-Probleme. Er wird, in geringen Mengen, sogar von Menschen mit Glutenunverträglichkeit vertragen. Hafer beruhigt die Nerven und wirkt Schlafstörungen entgegen. In der Phytotherapie werden Haferextrakte gegen Angst und Unruhe sowie zur Stärkung nach Erkrankungen eingesetzt. Der Wasserpfarrer Kneipp empfahl Hafer als tägliche Kost.

KAKAO

Im Regenwald wächst rund um die Erde der Kakaobaum, dessen melonengroße Früchte Bohnen enthalten. Sie sind reich an wertvollen Inhaltsstoffen, etwa vielen Mineralstoffen und Spurenelementen (Eisen, Zink, Mangan, Magnesium, Phosphor, Zink, Kupfer, Kalium), aber auch Ballaststoffen für den Darm und Antioxidanzien wie Flavonoiden. Rohkakao ist am wertvollsten, wenn die Früchte lediglich fermentiert und getrocknet - nicht geröstet - wurden. Kakao stärkt die Produktion des Liebeshormons Oxytocin und stimuliert den Ausstoß des Motivationsförderers Dopamin im Gehirn. Kakao-Nibs sind ein gesunder Snack für mehr Konzentration zwischendurch. Sie verfeinern aber auch Müslis, Desserts und süßes Gebäck wie Kuchen oder Bananenbrot.

HEIDELBEEREN

Schon ihre kräftige Farbe zeigt: Blau- oder Heidelbeeren haben es in sich. Ihre Farbstoffe enthalten Substanzen, die gegen Entzündungen wirken und antibakteriell sind, ergänzt durch einen hohen Anteil an Vitamin C und E. Die Beeren sind gut für die Nerven und wirken stimmungsaufhellend. In Studien wurden sie sogar bei posttraumatischen Stresszuständen eingesetzt. Es gibt erste Anzeichen dafür, dass sie Einfluss auf die Aktivität von Genen haben, die an Gemütszuständen beteiligt sind. **Tipp:** Essen Sie täglich eine halbe Tasse Heidelbeeren, frisch oder aufgetaut, aber ohne Zucker.

KIMCHI, KEFIR UND CO.

Fermentierte Lebensmittel wirken als „Psychobiotika" – sie verändern den Stoffwechsel der Darmbakterien, der dann wiederum über die Darm-Hirn-Achse auf die Psyche wirkt. So entstehen im Darm mehr kurzkettige Fettsäuren und Tryptophan. Außerdem liefert Fermentiertes viele Vitamine und stärkt das Immunsystem. Studien zeigen, dass sich der altersbedingte Abbau des Gehirns verlangsamt, die Erinnerung besser wird und Ängste abnehmen. **Tipp:** Lernen Sie, selbst zu fermentieren. So können Sie sich je nach Lust und Laune sowie nach Saison eine eigene Nervenapotheke zusammenstellen.

LINSEN UND BOHNEN

Hülsenfrüchte sind Allroundkünstler: Sie enthalten viel Eiweiß, Ballaststoffe für den Darm, aber auch Mineralstoffe wie Zink und Vitamine und regulieren den Blutzucker. Hülsenfrüchte sorgen zudem für einen ausgeglichenen Energiehaushalt, davon profitieren Gehirn und Nervengerüst. **Tipp:** Bohnen und Linsen lassen sich besonders vielseitig einsetzen – als Brei, in Suppen, als Falafel oder andere Laibchen, als Gemüse, Aufstrich, Salat oder gekeimt.

CHILI

Nicht alle mögen oder vertragen es. Doch wer gerne scharf isst, weckt damit seine Lebensgeister. In Chilischoten steckt Capsaicin, eine Substanz, die auf die Schmerzrezeptoren des Körpers wirkt. Dabei werden Endorphine ausgeschüttet, die entspannend wirken und Laune (und Libido) verbessern. Schon ein einziger Biss in eine Schote oder eine kräftige Prise im Essen reichen aus, um Signale an das Gehirn zu senden, die auch das Hungergefühl dämpfen. Capsaicin steckt in den verschiedenen Chilisorten, in Cayennepfeffer und (in geringeren Maßen) in Paprika.

APFELESSIG

Sauer macht lustig: Für den unscheinbaren Apfelessig zumindest trifft das zu. Wenn Apfelsaft fermentiert, entsteht Alkohol, der in einem zweiten Schritt von Essigsäurebakterien abgebaut wird. Milchsäurebakterien nähren die guten Darmbakterien, zudem enthält Apfelessig fast alle wichtigen Vitamine und Mineralstoffe und wirkt Entzündungen entgegen. Eine besondere Eigenschaft ist, dass ein Löffel in ausreichend Wasser verdünnt ausreicht, um - vor einer kohlenhydratreichen Mahlzeit - die Glukose nicht so stark ansteigen zu lassen. Apfelessig stabilisiert also den Blutzuckerspiegel, was positiven Einfluss auf die Psyche hat. Für Kapseln oder ähnliche Präparate ließ sich das jedoch nicht nachweisen. Deshalb: Am besten naturtrüben Bio-Apfelessig verwenden. Er wird aus ganzen Äpfeln hergestellt und besitzt damit die volle Kraft der Natur.

TEMPEH

Es sieht ein wenig aus wie gepuffter Reis und hat eine ähnliche Konsistenz: Tempeh stammt ursprünglich aus Indonesien. Bei der Herstellung werden Sojabohnen gekocht und dann mit einem Schimmelpilz (Rhizopus) fermentiert. Dabei entstehen feste Blöcke mit nussigem Geschmack, die sich vielfältig verarbeiten lassen - als Salat, paniert als gebratene Sticks oder auch als veganes Gulasch. Tempeh vereint die Vorzüge von Sojabohnen mit dem gesunden und darmfreundlichen Prozess der Fermentierung. Unter anderem stärken Isoflavone, ein Phytohormon aus den Sojabohnen, die Denkleistung. Allerdings: Nicht alle Menschen haben diejenigen Darmbakterien, die den Pflanzenstoff aufschließen können. Nur jeder vierte Nicht-Asiat kann Isoflavone umwandeln. Tempeh zu essen lohnt sich trotzdem, denn er enthält besonders viel Eiweiß, dazu Ballaststoffe und Vitamine, außerdem Lysin, eine Aminosäure, die für den stimmungsaufhellenden Botenstoff Serotonin nötig ist.

ALLES IM GRÜNEN BEREICH:

sieben Grundregeln des Essens für die Seele

Es gibt viele Wege, uns gegen das emotionale Auf und Ab des Lebens zu wappnen, für mehr Ausgeglichenheit zu sorgen, bessere Konzentration, schnelleres Denken und gute Laune. Das werden Sie auch beim Durchblättern der Rezeptvorschläge im folgenden Kapitel erkennen, die Ihnen hoffentlich Appetit und Freude machen.

Womöglich schwirrt Ihnen aber gerade noch der Kopf von den vielen Informationen, die Sie bisher erhalten haben? Auf den folgenden Seiten finden Sie daher diese als eine Art Masterplan noch einmal zusammengefasst. Nicht nur der richtige Topf oder das passende Messer - ab heute gehört auch das Wissen über die Power der Zutaten und Ingredienzen zum Rüstzeug Ihrer Küche.

REGEL NR. 1: ESSEN SIE VIEL GEMÜSE

Ballaststoffe, Vitamine, wertvolle Mikroinhaltsstoffe vor allem in den Schalen und den inneren Gerüsten der Pflanzen bilden den Reichtum einer pflanzenbasierten Ernährung. Die Strategie ist einfach: So bunt wie möglich auswählen und vielfältig kombinieren. Im wechselreichen Zusammenspiel der vielen gesunden Inhaltsstoffe kann die Natur ihr ganzes Potenzial entfalten. Besonders wertvoll sind neben Gemüse auch vollwertiges Getreide und Hülsenfrüchte, die viel Eiweiß liefern. Obst hat ebenso einiges zu bieten - vor allem das hitzeempfindliche Vitamin C sowie Retinol, Vorstufe des Vitamins A. Da Obst aber auch viel Fruchtzucker enthält und dadurch den Blutzuckerspiegel erhöht, sollte man hier in Maßen zugreifen und am besten nicht zwischendurch, sondern lieber direkt nach einer Mahlzeit (siehe Seite 48). „Bio" ist schon deshalb wichtig, weil die wichtigsten Stoffe in den Schalen stecken und diese deshalb nicht gespritzt sein sollten. Regional und saisonal sichert mehr Frische und schont die Umwelt.

REGEL NR. 2: EIN WENIG FLEISCH IST GESUND

Fleisch liefert das wichtige Vitamin B_{12}, das in Pflanzen kaum vorhanden ist oder sich nur schwer verstoffwechseln lässt. B_{12} ist besonders wichtig für unsere Psyche. Gönnen Sie sich deshalb - flexitarisch - eine kleine Portion Fleisch, am besten weißes (125 bis 150 Gramm in der Woche). Das tut noch dazu Ihrem Eisenhaushalt gut. Pflanzliches Eisen aus Quellen wie Getreide oder Samen löst sich leichter in der Kombination mit Vitamin C, Essig (Salatsauce) oder Fermentiertem.

REGEL NR. 3: WÜRZEN NICHT VERGESSEN

Kräuter und Gewürze sind die Apotheke der Natur. Sie werden seit Jahrtausenden zu Heilzwecken verwendet. Nutzen Sie diesen Reichtum und sparen Sie nicht mit frischen Kräutern. Besonders gesunde Allrounder sind Kurkuma, Ingwer und Safran. Wer sie mag und verträgt, kann gerne auch Chilis verwenden, der Körper reagiert auf sie mit Wohlfühlhormonen. Probieren Sie neben den Rezepten aus diesem Buch gerne auch mal Exotisches aus - die asiatische Küche, aber auch die arabische sind besonders aromareich!

REGEL NR. 4: ENTZÜNDUNGEN ENTGEGENWIRKEN

Sie erinnern sich? Reizzustände im Körper fördern Depressionen, denn wenn das Immunsystem ständig auf Trab ist, leidet auch Ihre Stimmung darunter. Was hat unsere Ernährung damit zu tun? Sie fördert die Aktivität von NF-kB, einem winzigen Proteinkomplex, der Gene des körpereigenen Abwehrsystems aktiviert, die Entzündungen auslösen. Das passiert vor allem dann, wenn wir uns oxidativem Stress durch Übergewicht oder Fettsucht aussetzen oder auch gesättigten Fettsäuren, vor allem aus tierischen Quellen. Ist unsere Kost außerdem faserarm, steigt der Spiegel an Interleukin-6, ein weiterer entzündungsfördernder Botenstoff.

Deshalb: Reduzieren Sie alle Nahrungsmittel, die dem Körper zumindest in größeren Mengen nicht guttun. Dazu gehören: tierische Proteine (vor allem Fleisch und Wurst), Weißmehlprodukte, gesättigte und Transfettsäuren (in Fleisch und Fertigprodukten), Zucker und andere Süßungsmittel mit hohem Fruktoseanteil, Pflanzenöle mit hohem Anteil an Omega-6-Fettsäuren (aus Mais, Soja und Sonnenblumenkernen), Alkohol (verändert die Zusammensetzung der Darmbakterien ungünstig) sowie Fertigprodukte (Zuckergehalt, veränderte Stärken, Zusatzstoffe; siehe Seite 25 f.).

Andersherum können Sie über die Ernährung Entzündungen aber auch gezielt entgegenwirken, zum Beispiel mit diesen Lebensmitteln:

- Seefisch (aus nachhaltiger Zucht), Algen, Walnüsse, Chia- und Leinsamen (sie alle sind reich an Omega-3-Fettsäuren, siehe Seite 37 f.)
- Vollkornprodukte (senken das C-reaktive Protein, ein Warnsignal für das Abwehrsystem)
- Obst und Gemüse (alle Sorten enthalten viele entzündungslindernde Wirkstoffe)
- Brokkoli, Blumenkohl und Eier (liefern Cholin, das antientzündlich wirkt und für das Nervensystem und das Gehirn besonders wichtig ist)
- Grüner Tee (ist reich an potenten Antioxidanzien, die als Radikalfänger die Zellen schützen)

REGEL NR. 5: BLUTZUCKERSPIEGEL STABILISIEREN

Mediterrane Kost, am besten vollwertig, ist die Grundlage jedes gesunden Essens. Wer das beherzigt, hat bereits sehr viel für einen ausgeglichenen Glukosehaushalt getan: mit vielen Ballaststoffen und einer Vielzahl sekundärer Pflanzeninhaltsstoffe. So stärken zum Beispiel Kurkurma, Zimt, Berberin (in Berberitzen) oder Aloe-vera-Gel (in manchen Joghurts verarbeitet) die Empfindsamkeit der Zellen für das Insulin, was die Blutzuckerregulierung verbessert und die Bauchspeicheldrüse entlastet (siehe Seite 22 f.).

Der faserreiche Teil der Ernährung wiederum sorgt dafür, dass der Organismus gleichmäßig mit Energie versorgt wird und es nicht zu dem gefürchteten Jo-Jo-Effekt mit plötzlichen Spitzen und folgendem Mangel kommt. Er bremst, gerade wenn er am Anfang des Menüs gegessen wird (siehe Kasten), ein bestimmtes Enzym (Alpha-Amylase), das Stärke in Glukose umwandelt. Außerdem verzögern die Fasern die Entleerung des Magens. Danach formen sie eine Art molekulares Netz im Dünndarm, das es der Glukose schwerer macht, in den Blutkreislauf überzutreten.

SCHLUSS MIT DER ACHTERBAHNFAHRT

Tipps für einen ausbalancierten Blutzucker

Es gibt ein paar einfache Tricks, die helfen, die Blutzuckerkurve nach dem Essen schön flach zu halten und so eine Insulinresistenz zu vermeiden:

Vor dem Essen: Apfelessig

Ein Esslöffel Apfelessig in einem großen Glas Wasser vor dem Verzehr einer Mahlzeit, insbesondere vor etwas Süßem, ist gesund und hält den Glukosespiegel flach. Essigdressing im Salat hat natürlich denselben Effekt.

Ein Antipasto in Grün

Ein kleiner Salat oder eingelegtes Gemüse liefern Ballaststoffe, die den Glukosespiegel flach halten und Heißhunger bremsen. Danach dürfen dann auch Nudeln kommen. Selbst wenn Sie in Summe durch den zusätzlichen Gang etwas mehr Kalorien verzehren, kommt es in vielen Fällen zu einer Gewichtsabnahme. Das essighaltige Salatdressing zähmt den Zuckerhaushalt zusätzlich.

Erst die Ballaststoffe, dann den Rest

Die Reihenfolge des Essens macht sehr viel aus: Gemüse und andere faserhaltige Kost zu Beginn schaffen eine solide Basis für Proteine und Fett. Die Kohlenhydrate kommen als Letztes. So passt zum Schluss, wenn Sie sich das gönnen wollen, sogar noch eine kleine Süßigkeit. Es gibt natürlich komplexe Mahlzeiten, die sich nicht auf diese Weise aufspalten lassen. Aber versuchen Sie mal, ob Sie sich nicht wohler fühlen, wenn Sie diese empfohlene Reihenfolge einhalten!

Und noch ein Tipp: Ein Spaziergang nach dem Essen baut rasch Glukose ab, weil die Zellen die Energie für die Bewegung benötigen.

REGEL NR. 6: DAS MIKROBIOM STÄRKEN

Der Darm ist eine wichtige Schaltstelle für unsere Gesundheit (siehe Seite 16 ff.). Die dort lebenden Bakterien teilen sich ihren Lebensraum mit vielen Immunzellen, mit denen sie wechselseitig in Verbindung stehen. Wächterzellen lernen, zwischen „guten" und „bösen" Eindringlingen zu unterscheiden und vieles, was dem Menschen guttut, zu tolerieren, obwohl es, wie die Nahrung, von außen in den Körper eindringt. Je vielseitiger und ausgewogener dieses Mikrobiom aufgebaut ist, desto stabiler ist das Immunsystem.

Wie lässt sich das unterstützen? Vor allem mit einer ballaststoffreichen Ernährung. Prä- und Probiotika (siehe Seite 40) darin können die Lebensbedingungen für die „guten" Bakterien verbessern. Als gesundes Plus: Fermentiertes wie naturbelassene Joghurts (nicht erhitzt, kein Zucker), Kefir, Buttermilch oder eingelegtes Gemüse und (unbehandeltes) Sauerkraut. Auch manche Käse enthalten probiotische Bakterien, etwa Cheddar, Mozzarella und Gouda.

REGEL NR. 7: INDUSTRIELLE ZUSATZSTOFFE MEIDEN

Ob und wie genau Zusatzstoffe auf die Psyche wirken, ist nicht leicht nachzuweisen, erst recht nicht, wenn mehrere miteinander interagieren. Einen klaren Zusammenhang mit neurologischen Symptomen gibt es allerdings bei Glutamat, das nicht nur ein Zusatzstoff, sondern auch ein biologischer Neurotransmitter ist: Empfindliche Personen bekommen davon Kopfschmerzen oder Kreislaufprobleme („Chinarestaurant-Syndrom"), abhängig davon, wie hoch ihr körpereigener Spiegel an dem Botenstoff ist.

Und es gibt Indizien auch für andere Stoffe: Der Hamburger Neuropädiater Raymund Pothmann machte bei seinen kleinen Migränepatienten die

Erfahrung, dass ihre Schmerzen verschwanden, wenn sie auf vier Produktgruppen verzichteten: Paprikachips (Glutamat), hocherhitzte Milchfertigprodukte (Molkenprotein), Softdrinks (Aspartam) und Produkte mit dem Verdickungsmittel Carrageen (E 407). Diese Zusätze stecken in besonders vielen und vor allem bei Kindern beliebten Produkten: in Fertigschlagsahne, Eis und vielen Frischkäsen.

„Wenn Sie unter Depression leiden", so die Ernährungspsychiaterin Uma Naidoo aus Harvard, „empfehle ich, alle Süßstoffe zu vermeiden." Das gilt auch für Ängstlichkeit und Angststörungen. Als Süßstoffe zugelassen, aber nicht unbedingt wirkungslos, sind in Europa Aspartam (E 951), Acesulfam K (E 950), Sucralose (E 955), Steviol (E 960), Saccharin (E 954), Cyclamat (E 952) und Thaumatin (E 957). Nicht auf dem Speiseplan stehen sollten außerdem Nitrate, häufig in Wurst als Zusatzstoff (E 251, E 252) enthalten. Bei ADHS lohnt es sich zu testen, ob der Verzicht auf Gluten, Milcheiweiß und Zucker zu Besserung führt.

Die beste Empfehlung: Meiden Sie hochverarbeitete Lebensmittel, denn die enthalten jede Menge Zusatzstoffe (siehe Seite 26 f.).

WAS DER SEELE SONST NOCH HILFT:

aktiv für mehr Wohlbefinden und Widerstandskraft

Gesunde Ernährung tut der Psyche gut - sie nährt das Zentrum des Wohlbefindens, den Bauch, wo in der asiatischen Philosophie der Sitz der Seele liegt. Nach dem Essen sollten wir uns zufrieden und gestärkt fühlen, anstatt müde und träge zu werden. Mit dieser anhaltenden Kraft in uns können wir den täglichen Herausforderungen begegnen und uns widerstandsfähig gegenüber Krisen und depressiven Stimmungen machen.

Ich rate Patientinnen und Patienten außerdem, sich neben der eigentlichen medizinischen Behandlung Hilfestellungen bei der Mind-Body-Medizin zu holen. Deren Ziel ist, Anspannung und Entspannung im Leben in ein ausgewogenes Verhältnis zu bringen, um dadurch Wohlbefinden zu erzeugen und die individuellen Ressourcen zu schonen. Die Mind-Body-Therapie ist, wie das einer meiner Patienten nannte, eine „Therapie für eine dickere Haut".

ACHTSAMKEIT

Manche glauben, es gehe dabei um Langsamkeit und häufiges Kauen. Es stimmt, schon im Mund beginnt der Verdauungsvorgang, aber die Achtsamkeit reicht viel weiter. Im Kern meint sie eine Haltung, die das ständige Gedankenkarussell durch ein bewusstes Verweilen im Hier und Jetzt ersetzt. Achtsamkeit fängt beim Einkauf an, bei den verlockenden Farben und appetitanregenden Aromen. Sie gilt besonders auch für das Kochen, das Waschen des Getreides, das Portionieren des Gemüses und das Hacken der frischen Kräuter.

Decken Sie anschließend einen schönen Tisch, auch wenn Sie vielleicht alleine essen. Bereiten Sie sich einen ansprechend bunten Teller und verbringen Sie diese Mahlzeit ohne Ablenkung wie Fernsehen oder dem Handy. Auch Geschirrspülen kann achtsam erfolgen. Das mag jetzt vielleicht etwas alltagsfremd klingen, doch Jon Kabat-Zinn, der amerikanische Biomediziner, der die „Mindfulness-Based Stress Reduction" (MBSR) als Therapie etabliert hat, hat damit viele Erfolge bei Schmerzen, aber auch depressiven Verstimmungen erzielt. Wer allerdings schwerere psychische Störungen hat, sollte zunächst mit einem Arzt sprechen, bevor er die Übungen macht.

VERBINDUNGEN MIT ANDEREN

Einsamkeit macht krank, soziales Eingebundensein ist hingegen eine wichtige Säule von Gesundheit, nicht nur in psychischer Sicht. Zuwendung, Interesse, Mitgefühl und Empathie führen zu einem Gefühl der Verbundenheit. Das gilt auch für das Zusammenleben mit Tieren.

KONTAKT MIT DER NATUR

Die Japaner und Koreaner schicken ihre Patienten zum „Waldbaden". Fest steht, dass insbesondere ein Spaziergang durch den Wald sich besonders wohltuend auf den Körper auswirkt. Der Blutdruck sinkt, der Herzschlag wird ruhiger, die Muskeln entspannen sich. Verantwortlich dafür sind wohl genauso die ästhetische Vielfalt der Bäume wie auch die Vielfalt der Aromen, die sie ausströmen und von denen wir viele nicht bewusst wahrnehmen. Es ist keine Hexerei, denn Studien beweisen: Menschen können sich entspannen, wenn sie einen Baum umarmen.

BEWEGUNG

Dass Bewegung gesund ist, ist nichts Neues - sie lindert aber ganz klar Depressionen. Leider sind gerade Menschen in einer depressiven Phase oft so antriebsschwach, dass sie sich nicht aufraffen wollen oder können. Dabei vertreiben etwa Walken, Radfahren und Schwimmen schlechte Laune. Sie können auch ganz langsam praktiziert werden.

RICHTIG ATMEN

Bewusstes Atmen wirkt stressregulierend und positiv auf die Funktion und Leistungsfähigkeit aller Organe. Sie verhilft uns zu emotionaler Ausgeglichenheit und trägt uns durch aufregende Zeiten. Atemübungen führen zu mehr Harmonie aller Kräfte von Körper, Geist und Seele, zu innerer Ruhe und Zufriedenheit. Zwar atmen wir reflexhaft, aber wir können den Atem auch bewusst beeinflussen und verändern. Das macht ihn zu einem wichtigen Instrument, unser Nervensystem zu beeinflussen.

AUSREICHEND SCHLAFEN

Der Tag-Nacht-Rhythmus synchronisiert ganz wichtige Körperfunktionen. Das wirkt sich auch psychisch aus, denn verkürzte oder schlaflose Nächte stören die notwendigen Traumphasen, in denen wir seelische Einflüsse verarbeiten. Vieles andere wissen wir noch nicht über die Funktionen des Traumes. In jedem Fall aber ist Schlaf wichtig für unsere Gesundheit. Die Stressbereitschaft wird hinuntergeregelt, der Kortisolspiegel sinkt, das Immunsystem regeneriert sich und im Gehirn sortieren sich Erinnerungen. Der Körper produziert die wichtigen Wachstumshormone. Deshalb sollten Sie abends keine Stimulanzien wie Kaffee oder Süßes zu sich nehmen und keine aufregenden Filme mehr vor dem Einschlafen sehen. Hilfreich ist eine Einreibung der Herzgegend mit Lavendelöl (5 Prozent), die dann mit einem feuchtkühlen Tuch abgedeckt wird und 30 Minuten liegen bleibt.

KREATIVITÄT

Der ungaro-amerikanische Psychologe Mihály Csíkszentmihály (1934-2021) hat sie als Kern des Gefühls des „Flows" ausgemacht, die Kreativität, die zum Beispiel einen Maler erfassen kann. Aber in Wirklichkeit kann jeder von uns in diese rauschartige Euphorie kommen, wenn ihm oder ihr etwas gelingt, das die Person vollständig erfüllt. Dabei kann Schreiben genauso helfen wie Singen oder Musizieren, Handarbeiten oder Töpfern.

VERGEBUNG UND METTA-MEDITATION

Das Loslassen von Verletzungen und liebevolle Güte gegenüber sich selbst kann man genauso üben wie positive Wünsche für andere Menschen, sogar, wenn man diesen feindlich gegenübersteht. Diese „Metta-Meditation", auch Loving Kindness Meditation genannt, wirkt sich positiv und stresslösend auf den Organismus aus, haben Studien gezeigt. Das gilt auch für das Beten.

REZEPTE, DIE UNS GLÜCKLICH MACHEN

Wer selbst kocht, hat schon den ersten Schritt für eine gesündere Seele getan. Denn in der eigenen Küche haben industrielle Zusatzstoffe keinen Zutritt. Stattdessen können Sie auf genau die Lebensmittel setzen, deren Inhaltsstoffe die Psyche positiv unterstützen und das Wohlbefinden fördern.

FRÜHSTÜCK

Schwungvoll in den neuen Tag

Starten Sie voller Energie und guter Laune in den Morgen – mit Ballaststoffen, frischem Obst, Gemüse und Nüssen, auch etwas Kefir und Joghurt sind gerne gesehen. So wird der Darm nicht überlastet und sie halten locker bis zum Mittagessen durch.

OVERNIGHT-CHIA-OATS MIT HEIDELBEEREN

Ihr hoher Gehalt an Vitaminen, Ballaststoffen und vor allem Anthocyanen – Pflanzenfarbstoffe, die zu den Flavonoiden zählen – machen Heidelbeeren zu einem echten Superfood. Sie wirken sogar positiv auf die Stimmung. Besonders reich an sekundären Pflanzenstoffen sind Wildheidelbeeren. Wenn Sie diese im Sommer auf dem Markt erhalten, sollten Sie also zugreifen. Außerhalb der Saison findet man die „wilden" Beeren auch im Tiefkühlregal.

Für 2 Personen
Zubereitung: 15 Minuten
Einweichen: 8 Stunden (über Nacht)

100 g kernige Haferflocken
30 g Chiasamen
100 ml ungesüßter Sojadrink
150 g stichfester Joghurt (3,5 % Fett)
150 g Heidelbeeren
2 TL flüssiger Honig
½ TL Zimtpulver
1 EL Haselnussmus
2 TL geschroteter Leinsamen

Pro Portion: ca. 470 kcal, 18 g EW, 20 g F, 45 g KH, 17 g BST

- Die Haferflocken und Chiasamen in einer Schüssel mit dem Sojadrink, 100 g Joghurt und 125 ml Wasser gründlich verrühren und ca. 10 Minuten quellen lassen.

- Inzwischen die Heidelbeeren verlesen, waschen und abtropfen lassen. 100 g Heidelbeeren abwiegen und mit dem Honig und Zimt mischen und unter die Flockenmischung rühren. In Gläser (à 300 ml) geben und abgedeckt ca. 8 Stunden, am besten über Nacht, in den Kühlschrank stellen und quellen lassen.

- Am nächsten Tag die Overnight-Oats mit dem übrigen Joghurt und Beeren toppen. Das Haselnussmus obendrauf geben und mit je 1 TL Leinsamen bestreut servieren.

TIPP

Zum Mitnehmen die Oats-Chia-Mischung in ein Twist-off-Glas füllen, über Nacht quellen lassen und am nächsten Tag mit den übrigen Zutaten toppen. Das Glas gut verschließen.

HERBSTLICHES BIRCHERMÜSLI MIT PFLAUMEN

Trockenfrüchte sind wahre Mineral- und Ballaststoffbomben. Weil durchs Trocknen das Wasser in ihnen verdunstet, sind sie außerdem sehr süß. Somit eignen sie sich gut als Zuckerersatz in Müslis und Co. oder auch als süßer Snack zwischendurch - aber bitte immer in Maßen, damit der Blutzuckerspiegel nicht Achterbahn fährt. Kaufen Sie am besten Bioprodukte, dann können Sie sicher sein, dass die Früchte ungeschwefelt sind.

Für 2 Personen
Zubereitung: 20 Minuten
Quellen: 8 Stunden (über Nacht)

2 getrocknete Feigen
75 g zarte Haferflocken
200 ml ungesüßter Mandeldrink
30 g Walnusskerne
1 EL Mandeln
1 nicht zu reife Birne
(z. B. Conference)
1 EL Zitronensaft
150 g stichfester Joghurt
(3,5 % Fett)
2 rote Pflaumen (ca. 130 g)
2 TL Birnendicksaft

Pro Portion: ca. 500 kcal,
14 g EW, 22 g F, 56 g KH, 10 g BST

• Die Feigen in kleine Würfel schneiden, mit den Haferflocken in eine Schüssel geben und mit dem Mandeldrink vermischen. Die Flockenmischung im Kühlschrank abgedeckt ca. 8 Stunden, am besten über Nacht, quellen lassen.

• Dann die Walnüsse und Mandeln in einer Pfanne ohne Fett bei mittlerer Hitze hellbraun rösten. Auf einem Teller abkühlen lassen und grob hacken. Die Birne waschen, vierteln und entkernen. Ein Viertel zum Garnieren beiseitelegen, die übrigen Birnenviertel samt Schale grob raspeln und mit dem Zitronensaft beträufeln.

• Die Birnenraspel, die Nussmischung bis auf 2 TL und den Joghurt unter den Haferflockenmix rühren. Die Pflaumen waschen, halbieren, entsteinen und in dünne Spalten schneiden. Das restliche Birnenviertel in dünne Scheiben schneiden.

• Das Birchermüsli in Schalen verteilen, die Pflaumen- und Birnenspalten darauf anrichten. Mit dem restlichen Nuss-Mandel-Mix bestreuen und mit je 1 TL Birnendicksaft beträufelt servieren.

PFANNEN-GRANOLA MIT JOGHURT UND BEEREN

Für 2 Personen
Zubereitung: 15 Minuten

30 g Mandeln
1 EL Kürbiskerne
1 EL Sonnenblumenkerne
1 EL Chiasamen
1 EL Leinsamen
1 EL geschälte Hanfsamen
¼ TL Zimtpulver
¼ TL gemahlene Vanille
250 g gemischte Beeren
(z. B. Brombeeren, Himbeeren, rote Johannisbeeren)
500 g stichfester Joghurt
(3,5 % Fett)
2 TL flüssiger Honig

Pro Portion: ca. 460 kcal,
21 g EW, 25 g F, 28 g KH, 9 g BST

- Die Mandeln und Kürbiskerne grob hacken. Mit den Sonnenblumenkernen, Chia-, Lein- und Hanfsamen mischen und in einer Pfanne ohne Fett bei mittlerer Hitze ca. 5 Minuten rösten, dabei ab und zu wenden. Das Pfannen-Granola in eine Schüssel geben, mit Zimt und Vanille würzen und abkühlen lassen.

- Inzwischen die Beeren verlesen, in einem Sieb kurz waschen und abtropfen lassen, Johannisbeeren von den Rispen zupfen.

- Den Joghurt glatt rühren, in Schalen verteilen und die Beeren darauf anrichten. Mit dem Granola bestreuen und mit dem Honig beträufelt servieren.

TIPP

Rösten Sie für den Vorrat gleich eine größere Menge Nüsse und Samen an!

SMOOTHIE-BOWL MIT ORANGEN

Für 2 Personen
Zubereitung: 20 Minuten

40 g Vitalkernemix (z. B. Sonnenblumen-, Kürbis-, Pinienkerne)
2 Datteln (z. B. Medjoul)
2 Orangen
1 Banane
250 g Magerquark
100 ml Milch (3,5 % Fett)
2 TL Limettensaft
2 EL gepuffter Amarant
2 EL ausgelöste Granatapfelkerne (aus dem Kühlregal oder tiefgefroren und aufgetaut)

Pro Portion: ca. 510 kcal,
27 g EW, 14 g F, 59 g KH, 10 g BST

- Die Kerne in einer Pfanne ohne Fett bei mittlerer Hitze hellbraun rösten. Vom Herd nehmen und auf einem Teller abkühlen lassen. Inzwischen die Datteln aufschneiden, entkernen und in kleine Würfel schneiden, unter die Kerne mischen.

- Eine Orange schälen und grob in Stücke schneiden, die zweite Orange wie einen Apfel samt der weißen Haut schälen, die Filets zwischen den Trennwänden herausschneiden und dabei den abtropfenden Saft (ca. 75 ml) auffangen. Die Banane schälen und ebenfalls grob in Stücke schneiden.

- Die Orangen- und Bananenstücke mit dem Quark, Milch, aufgefangenem Orangensaft und Limettensaft in einem hohen Rührgefäß mit dem Stabmixer oder im Standmixer erst auf kleiner, dann auf hoher Stufe fein pürieren. Dann den Smoothie in zwei Bowls (Schalen) füllen, mit den Orangenfilets belegen. Die Amarant-Pops und Granatapfelkerne darauf verteilen und mit dem Kerne-Dattel-Mix bestreut servieren.

VITAL-GRANOLA-MÜSLI MIT BANANEN

Die Mischung aus Prä- und Probiotika macht dieses Frühstück zu einem Festmahl für die guten Darmbakterien. Weil Bananen und Trockenfrüchte von Natur aus sehr süß sind, können Sie auf weitere Süßungsmittel getrost verzichten. Stattdessen gibt es eine geballte Ladung gesunder Mineralstoffe, allen voran Kalium für die Nerven.

Für ca. 800 g
Zubereitung: 20 Minuten
Rösten: 45-50 Minuten
Abkühlen: 1 Stunde

2 reife Bananen (ca. 250 g)
4 Datteln (z. B. Medjoul)
50 g dunkles Mandelmus
1 TL gemahlene Vanille
2 Msp. Salz
300 g kernige Multikornflocken (z. B. Hafer, Weizen, Roggen, Gerste, Dinkel)
150 g zarte Haferflocken
50 g Mandeln
50 g Sonnenblumenkerne
50 g Leinsamen
50 g gepuffter Amarant
50 g getrocknete Sauerkirschen

Pro Portion (à 50 g): ca. 220 kcal, 7 g EW, 15 g F, 28 g KH, 6 g BST

• Die Bananen schälen und grob in Stücke schneiden. Die Datteln längs aufschneiden, entkernen und grob würfeln. Bananen und Datteln in einem hohen Rührgefäß mit dem Stabmixer fein pürieren. Dann das Mandelmus, Vanille und Salz dazugeben und kurz auf niedriger Stufe untermixen.

• Den Backofen auf 160 °C vorheizen. Den Flockenmix und die Haferflocken in eine Schüssel geben. Mandeln grob hacken, mit Sonnenblumenkernen, Leinsamen, Amarant und der Bananenmischung dazugeben und alles gut mischen - das geht am besten mit einem Kochlöffel.

• Die Flockenmischung auf einem mit Backpapier belegten Blech verteilen und im Ofen auf der 2. Schiene von unten 45-50 Minuten rösten, dabei alle 10 Minuten wenden und durchmischen, damit das Müsli gleichmäßig röstet.

• Anschließend das Müsli aus dem Ofen nehmen. Die Kirschen grob hacken, untermischen und die Mischung vollständig abkühlen lassen. In einem großen Glas oder einer Dose fest verschlossen aufbewahren. Es hält sich 4-6 Wochen. Zum Servieren pro Portion 50 g Granola mit 125 g zerkleinerten Früchten der Saison und 150 g Joghurt servieren.

BUTTERMILCH-SMOOTHIE MIT APFEL

Für 2 große Gläser (à 350 ml)
Zubereitung: 20 Minuten

20 g Gold-Leinsamen
20 g Cashewkerne
10 g geschälte Hanfsamen
2 Stangen Staudensellerie (mit Grün)
½ grüner Apfel (z. B. Granny Smith)
50 g junger Blattspinat
2 Stiele Minze
500 ml Buttermilch (max. 1,5 % Fett)
1 EL Zitronensaft
1–2 EL flüssiger Honig

Pro Portion: ca. 310 kcal,
16 g EW, 12 g F, 31 g KH, 6 g BST

• Den Leinsamen, die Cashewkerne und Hanfsamen in eine Schale geben, mit 50 ml heißem Wasser übergießen und ca. 10 Minuten quellen lassen.

• Inzwischen den Staudensellerie waschen, putzen, das Grün grob hacken und die Stangen in ca. 1 cm breite Stücke schneiden. Den Apfel waschen, vierteln, entkernen und in kleine Stücke schneiden. Den Spinat verlesen, waschen und abtropfen lassen. Die Minze abbrausen, trocken schütteln, einige Blätter zum Garnieren beiseitelegen, übrige Minze samt den Stielen grob hacken.

• Die eingeweichte Leinsamenmischung, Sellerie, Apfel, Spinat, Minze und Sellerieblätter in einen leistungsstarken Standmixer geben. Dann die Buttermilch und den Zitronensaft hinzufügen. Alles erst auf kleiner, dann auf höchster Stufe feincremig pürieren. Den Smoothie mit dem Honig abschmecken, in Gläser füllen und mit übriger Minze garniert gleich servieren.

ROTE-BETE-SMOOTHIE MIT HIMBEEREN

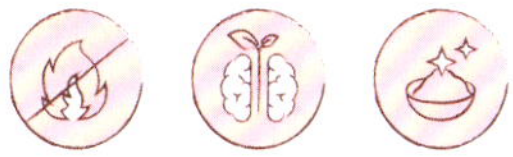

- Die Himbeeren verlesen, behutsam waschen und abtropfen lassen, 4–6 Beeren zum Garnieren abnehmen. (Gefrorene Beeren über Nacht abgedeckt im Kühlschrank auftauen lassen.) Die Rote Bete grob in Stücke schneiden. Den Ingwer schälen und grob hacken. Die Kresse abbrausen und abschneiden.

- Himbeeren und Rote Bete mit Ingwer, Kresse, Haferflocken, Mandelmus und Zitronensaft in einen leistungsstarken Standmixer geben. Mit dem Kombucha aufgießen. Alles erst auf niedriger, dann auf höchster Stufe feincremig pürieren.

- Den Smoothie mit dem Birnendicksaft abschmecken, in Gläser füllen und mit je 2–3 Himbeeren anrichten und sofort servieren.

Für 2 Gläser (à 300 ml)
Zubereitung: 15 Minuten

160 g Himbeeren
(frisch oder tiefgekühlt)
100 g gegarte, geschälte
Rote Bete (vakuumiert)
10 g Ingwer
½ Beet Kresse
40 g zarte Haferflocken
2 TL dunkles Mandelmus
1 TL Zitronensaft
400 ml Kombucha natur
2 TL Birnendicksaft

Pro Portion: ca. 230 kcal,
6 g EW, 6 g F, 35 g KH, 7 g BST

BUCHWEIZENPORRIDGE MIT SOMMERFRÜCHTEN

Buchweizen gehört zu den sogenannten Pseudogetreiden, ist also völlig glutenfrei. Doch damit nicht genug: Die dreieckigen, angenehm nussig schmeckenden Körner sind auch reich an Mineral- und sekundären Pflanzenstoffen und enthalten mit Chiro-Inositol sogar einen Stoff, der hilft, einer Insulinresistenz der Zellen entgegenzuwirken. Nicht zuletzt ist das Lezithin in ihnen gut fürs Gehirn.

Für 2 Personen
Zubereitung: 20 Minuten
Einweichen: 8 Stunden (über Nacht)

100 g Buchweizen
200 ml Milch (3,5 % Fett)
2 EL geschroteter Leinsamen
30 g Haselnusskerne
1 Kiwi
125 g Erdbeeren
80 g Himbeeren
¼ TL gemahlene Vanille
2 TL Ahornsirup
1 EL Kokoschips
einige Minzeblätter (nach Belieben)

Pro Portion: ca. 480 kcal, 15 g EW, 19 g F, 55 g KH, 10 g BST

- Den Buchweizen über Nacht in einer Schüssel mit Wasser bedeckt bei Raumtemperatur einweichen lassen. Am nächsten Tag in ein Sieb abgießen und gut abtropfen lassen.

- Den Buchweizen mit 150 ml Milch in einen Topf geben, unter Rühren einmal aufkochen lassen. Den Leinsamen unterrühren und zugedeckt bei milder Hitze 5–10 Minuten quellen lassen, dabei ab und zu umrühren. Falls der Brei zu fest wird, weitere 50 ml Milch unterrühren.

- Inzwischen die Haselnüsse in einer Pfanne ohne Fett bei mittlerer Hitze hellbraun rösten. Vom Herd nehmen, abkühlen lassen und grob hacken. Die Kiwi schälen, längs halbieren und in Scheiben schneiden. Die Erdbeeren kurz waschen, putzen und je nach Größe halbieren oder vierteln. Die Himbeeren verlesen, abbrausen und trocken tupfen.

- Den Porridge mit Vanille und Ahornsirup abschmecken, auf Schalen verteilen. Die Kiwi, Erdbeeren und Himbeeren darauf anrichten. Die Nüsse und Kokoschips über das Porridge streuen und nach Belieben mit Minze garniert servieren.

SCHOKO-MANDEL-PORRIDGE MIT KIRSCHKOMPOTT

Hier kommen mit Zimt und Kakao gleich zwei Superfoods ins Spiel, die nicht nur für ein herrliches Aroma sorgen, sondern auch stimmungsaufhellend wirken und die Konzentration fördern. Die Mandeln dazu runden das Aroma ab und versorgen mit gesunden pflanzlichen Ölen, Ballast- und Vitalstoffen.

Für 2 Personen
Zubereitung: 30 Minuten

75 ml Orangensaft
2 TL Apfeldicksaft
½ TL Johannisbrotkernmehl
200 g tiefgekühlte Sauerkirschen
¼ TL gemahlene Vanille
2 Msp. gemahlene Gewürznelken
75 g kernige Haferflocken
400 ml ungesüßter Mandeldrink
2 TL Kakaopulver (schwach entölt)
½ TL Zimtpulver
2 EL gehackte Mandeln
100 g Speisequark (20 % Fett)
2 TL Kakao-Nibs

Pro Portion: ca. 430 kcal,
17 g EW, 17 g F, 44 g KH, 9 g BST

• Für das Kompott Orangensaft, Apfeldicksaft und Johannisbrotkernmehl in einem Topf verrühren, aufkochen und bei mittlerer Hitze kurz köcheln, bis der Saft leicht gebunden ist. Die Kirschen, das Vanille- und Nelkenpulver dazugeben, einmal aufkochen lassen. Kompott vom Herd nehmen und abkühlen lassen.

• Inzwischen die Haferflocken mit 350 ml Mandeldrink, Kakaopulver und Zimt in einen Topf geben und aufkochen lassen. Ohne Deckel bei milder Hitze unter Rühren ca. 10 Minuten köcheln lassen, dabei ab und zu umrühren. Anschließend zugedeckt auf der abgeschalteten Herdplatte weitere 5-10 Minuten ausquellen lassen.

• Die Mandeln in einer Pfanne ohne Fett bei mittlerer Hitze goldbraun anrösten. Herausnehmen und beiseitestellen.

• Den Porridge durchrühren und je nach Geschmack noch den übrigen Mandeldrink unterrühren. Den Brei in Schalen füllen, das Kirschkompott daraufgeben und mit dem Quark toppen. Mit den gerösteten Mandeln und den Kakao-Nibs bestreut servieren.

HERZHAFTES DINKELMÜSLI MIT CHEDDAR

Müsli muss nicht immer süß sein. Probieren Sie einmal diese herzhafte Variante mit Gemüse und Cheddar! Sie liefert genauso viele wertvolle Ballaststoffe und gute Energie für den Tag – und hält dabei die Blutzuckerkurve schön flach.

Für 2 Personen
Zubereitung: 20 Minuten

75 g zarte Dinkelflocken
300 ml Kefir (1,5% Fett)
2 Möhren (ca. 120 g)
1 Minisalatgurke
100 g Radieschen
¼ Bund Schnittlauch
60 g Cheddar
(am Stück; 45% Fett i. Tr.)
20 g Vitalkernemix
(z. B. Sonnenblumen-, Kürbis-, Soja- und Pinienkerne)
2 TL scharfer Senf
Salz, Pfeffer aus der Mühle
1 EL Leinöl
1 EL geschroteter Leinsamen

Pro Portion: ca. 510 kcal,
23 g EW, 31 g F, 9 g KH, 2 g BST

- Die Dinkelflocken in einer Schüssel mit dem Kefir übergießen, verrühren und ca. 10 Minuten quellen lassen.

- Inzwischen die Möhren putzen, schälen und auf der Rohkostreibe grob raspeln. Die Gurke waschen, putzen und klein würfeln. Die Radieschen waschen, putzen und in dünne Scheiben hobeln oder schneiden. Den Schnittlauch abbrausen, trocken schütteln und in feine Röllchen schneiden. Den Käse knapp 1 cm groß würfeln.

- Die Vitalkerne in einer Pfanne ohne Fett bei mittlerer Hitze hellbraun rösten. Vom Herd nehmen und abkühlen lassen.

- Möhren, Gurke, Radieschen und zwei Drittel vom Käse unter den Dinkelflockenmix mischen, mit Senf, Salz, Pfeffer und Leinöl würzen. Die Müslimischung in Schalen verteilen. Mit den übrigen Käsewürfeln, Kernen, Leinsamen und Schnittlauch bestreut servieren.

VEGANES TOFURÜHREI MIT BROKKOLI UND SPROSSEN

Sieht aus wie Ei, schmeckt wie Ei und auch was den Eiweißgehalt angeht, kann Tofu locker mithalten. Darüber hinaus versorgt er aber auch noch mit jeder Menge Eisen, Magnesium, Zink und Folsäure sowie vielen wichtigen B-Vitaminen, darunter B_5 gegen Stress, Niacin gegen Müdigkeit und Erschöpfung und stimmungsaufhellende Folsäure.

Für 2 Personen
Zubereitung: 25 Minuten

200 g Tofu natur
200 g Brokkoli
100 g Cocktailtomaten
1 Schalotte
1 Knoblauchzehe
30 g gemischte Sprossen (z. B. Alfalfa, Radieschen)
2 EL Sesam- oder Rapsöl
2 TL Hefeflocken
½ TL Kurkumapulver
Pfeffer aus der Mühle
100 g Seidentofu, Salz
2 Scheiben Dinkel-Leinsamen-Vollkornbrot (à 60 g; siehe Seite 80; ersatzweise Vollkornbrot)

Pro Portion: ca. 480 kcal,
32 g EW, 24 g F, 31 g KH, 10 g BST

- Den Tofu trocken tupfen und sehr klein würfeln oder hacken. Den Brokkoli waschen und in kleinere Röschen schneiden. Die Tomaten waschen und halbieren. Schalotte und Knoblauch schälen und fein würfeln. Die Sprossen in einem Sieb kalt abbrausen und abtropfen lassen.

- Das Öl in einer großen beschichteten Pfanne erhitzen, den Brokkoli und Tofu darin bei mittlerer Hitze 4–5 Minuten braten. Schalotte und Knoblauch dazugeben und bei mittlerer Hitze ca. 2 Minuten mitbraten. Die Pfanne zudecken und die Brokkoli-Tofu-Mischung bei milder Hitze weitere 4 Minuten dünsten.

- Hefeflocken, Kurkuma und Pfeffer darüberstreuen und alles gut vermengen. Den Seidentofu und die Tomaten hinzufügen und weitere 3–5 Minuten bei mittlerer Hitze offen braten, ab und zu umrühren. Mit Salz und Pfeffer abschmecken.

- Das Tofu-Rührei auf Tellern anrichten und mit den Sprossen bestreut servieren. Je eine Scheibe Brot dazu servieren.

PIZZA-OMELETT MIT RUCOLA UND TOMATEN

Eier galten lange als Cholesterinbombe und damit als ungesund für das Herz-Kreislauf-System. Das gilt mittlerweile nicht mehr, weshalb nichts gegen ein Frühstücksei oder Omelett spricht. Im Gegenteil: Unser Körper kann das Eiweiß darin sogar sehr gut verwerten und Eier liefern zudem viel Vitamin A und B_{12} sowie Eisen und Zink.

Für 2 Personen
Zubereitung: 25 Minuten

150 g Cocktailtomaten
2 Frühlingszwiebeln
1 Handvoll Rucola
60 g Mozzarella
4 Eier (Größe M)
2 TL Tomatenmark
4 EL Milch (3,5 % Fett)
1 Knoblauchzehe
1 TL getrockneter Oregano
Salz, Pfeffer aus der Mühle
2 EL Olivenöl
2 EL Parmesanspäne
(aus dem Kühlregal)

Pro Portion: ca. 425 kcal,
25 g EW, 31 g F, 9 g KH, 2 g BST

- Die Tomaten waschen und halbieren. Die Frühlingszwiebeln waschen, putzen und schräg in dünne Ringe schneiden. Den Rucola verlesen, waschen und trocken schütteln, dabei dicke Stiele entfernen. Den Mozzarella abtropfen lassen und in kleine Würfel schneiden.

- Die Eier mit dem Tomatenmark und der Milch in einer Schüssel gründlich verquirlen. Die Knoblauchzehe schälen und dazupressen. Die Eimasse mit Oregano, Salz und Pfeffer würzen.

- Den Backofen auf 100 °C vorheizen. 1 EL Öl in einer kleinen beschichteten Pfanne (18 cm ø) erhitzen. Die Hälfte der Eimasse dazugeben und bei mittlerer Hitze ca. 4 Minuten stocken lassen. Das Omelett mit jeweils der Hälfte der Tomaten, Frühlingszwiebeln und Mozzarella belegen und zugedeckt in 2–3 Minuten fertig backen, bis der Käse geschmolzen ist. Auf einen Teller gleiten lassen und im heißen Ofen warm halten.

- Die übrige Eimischung, Tomaten, Zwiebeln und Mozzarella mit dem restlichen Öl zu einem zweiten Omelett verarbeiten. Beide Omeletts mit Rucola belegen und mit je 1 EL Parmesanspänen bestreut servieren.

VEGANE LEBERWURST

Für ca. 250 g
Zubereitung: 10 Minuten

100 g Räuchertofu
120 g Kidneybohnen
(aus Glas oder Dose)
1 kleine rote Zwiebel
1 EL Olivenöl
2 TL getrockneter Majoran
1 TL getrockneter Thymian
Salz, Pfeffer aus der Mühle
1–2 EL Weißweinessig
1 EL natives Rapsöl

Pro Portion (à 50 g): ca. 100 kcal,
6 g EW, 5 g F, 5 g KH, 3 g BST

- Den Tofu trocken tupfen und grob in Stücke schneiden. Die roten Bohnen in ein Sieb abgießen, abbrausen und abtropfen lassen.

- Die Zwiebel schälen, fein würfeln und im heißen Olivenöl in einer kleinen Pfanne bei mittlerer Hitze in ca. 2 Minuten glasig dünsten. Mit Majoran, Thymian, Salz und Pfeffer kräftig würzen und noch ca. 1 Minute braten. Vom Herd nehmen und etwas abkühlen lassen.

- Den Tofu, die Bohnen, den Zwiebel-Gewürz-Mix, den Essig und das Rapsöl in ein hohes Rührgefäß geben und mit dem Stabmixer nach Belieben grob oder fein pürieren. Die Masse noch mal abschmecken, dann in ein sauberes Twist-off-Glas füllen und gut verschließen. Im Kühlschrank hält sich der Aufstrich mindestens 1 Woche.

TIPP

Zum Servieren den Aufstrich auf Vollkornbrot streichen, mit Gewürzgurkenscheibchen belegen und mit Kresse garniert servieren.

ROTE-LINSEN-AUFSTRICH MIT TOMATEN

Für ca. 300 g
Zubereitung: 30 Minuten

50 g rote Linsen
1 Tomate
5 getrocknete Tomaten
1 kleine Zwiebel
1 Knoblauchzehe
1 EL Olivenöl
2 TL Kräuter der Provence
100 ml Gemüsebrühe
1 EL Tomatenmark
½ TL rosenscharfes Paprikapulver
Salz, Pfeffer aus der Mühle

Pro Portion (à 50 g): ca. 60 kcal, 3 g EW, 2 g F, 6 g KH, 1 g BST

- Die Linsen in einem Sieb abspülen und abtropfen lassen. Die Tomate waschen, vom Stielansatz befreien und würfeln. Die getrockneten Tomaten klein schneiden. Zwiebel und Knoblauch schälen und fein würfeln.

- Das Öl in einem kleinen Topf erhitzen, Zwiebel und Knoblauch darin bei mittlerer Hitze 2–3 Minuten glasig dünsten. Dann Linsen, frische und getrocknete Tomaten sowie die Kräuter dazugeben. Mit der Brühe ablöschen, aufkochen und zugedeckt bei milder bis mittlerer Hitze ca. 10 Minuten köcheln lassen.

- Den Linsen-Tomaten-Mix in ein hohes Rührgefäß füllen, Tomatenmark, Paprikapulver, Salz und Pfeffer dazugeben und alles mit dem Stabmixer fein pürieren. Dann den Aufstrich in ein sauberes Twist-off-Glas füllen, abkühlen lassen. Er hält sich im Kühlschrank ca. 1 Woche.

TIPP

Vollkorn-Pitabrot oder Vollkornbrot mit dem Aufstrich bestreichen, dann mit bunten halbierten oder geviertelten Cocktailtomaten belegen und mit Basilikum garniert servieren.

AVOCADO-CREME MIT BOHNEN

Für ca. 200 g
Zubereitung: 10 Minuten

125 g weiße Bohnen (aus Glas oder Dose)
1 Knoblauchzehe
½ reife Avocado
1 EL Limettensaft
1 EL Frischkäse (Halbfettstufe)
1 TL Leinöl
Salz, Pfeffer aus der Mühle
¼ TL Chiliflocken
4 Stiele Koriandergrün

Pro Portion (à 50 g): ca. 95 kcal, 4 g EW, 5 g F, 7 g KH, 2 g BST

- Die Bohnen in ein Sieb abgießen, kalt abspülen und abtropfen lassen. Den Knoblauch schälen und fein würfeln. Die Avocado halbieren, entkernen und das Fruchtfleisch mit einem Löffel aus der Schale lösen.

- Bohnen, Knoblauch und Avocado mit dem Limettensaft in einem hohen Rührgefäß mit dem Stabmixer nicht zu fein zerkleinern. Den Frischkäse und das Leinöl unterrühren, dann mit Salz, Pfeffer und Chiliflocken würzen. Den Koriander abbrausen, trocken schütteln, die Blätter von den Stielen zupfen und bis auf ein paar Blättchen zum Garnieren hacken und unter die Avocado-Bohnen-Creme heben.

- Den Aufstrich in ein Twist-off-Glas füllen, gut verschließen. Er hält sich im Kühlschrank 3–4 Tage.

TIPP

Zum Servieren Vollkornbrot oder -brötchen mit der Creme bestreichen und mit Minigurkenscheiben und Stückchen von geräucherter Forelle oder Stremellachs belegen.

CURRY-AUFSTRICH MIT KICHERERBSEN

Für ca. 200 g
Zubereitung: 15 Minuten

1 Schalotte
10 g Ingwer
1 EL ungeschälter Sesam
2 EL Olivenöl
1 TL Currypulver
½ TL Kurkumapulver
Salz, Pfeffer aus der Mühle
125 g Kichererbsen
(aus Glas oder Dose)
1 EL Tahin (Sesammus)
2 EL Zitronensaft
1 Stiel Minze
3 Stiele Petersilie

Pro Portion (à 50 g): ca. 140 kcal, 4 g EW, 10 g F, 8 g KH, 2 g BST

- Die Schalotte und den Ingwer schälen, fein würfeln und mit dem Sesam in 1 EL Olivenöl in einer kleinen Pfanne bei mittlerer Hitze ca. 2 Minuten braten. Mit Curry, Kurkuma, Salz und Pfeffer würzen und kurz mitbraten. Gewürzmix vom Herd nehmen und etwas abkühlen lassen.

- Die Kichererbsen in ein Sieb abgießen, kalt abspülen und abtropfen lassen. Mit Tahin, Zitronensaft, Gewürzmix und übrigem Öl in ein hohes Rührgefäß geben und mit dem Stabmixer glatt pürieren. Falls die Paste zu fest ist, noch 1–2 EL Wasser untermixen.

- Die Kräuter waschen und trocken schütteln. Die Blätter abzupfen, hacken und unter den Aufstrich rühren. Mit Salz und Pfeffer abschmecken. In einem gut verschlossenen Twist-off-Glas hält er sich im Kühlschrank ca. 1 Woche.

TIPP

Den Aufstrich auf Pita- oder Fladenbrot streichen, mit Radieschenscheiben und Frühlingszwiebelringen belegen und servieren.

DINKEL-LEINSAMEN-VOLLKORNBROT

Dieses Brot ist nicht nur besonders ballaststoffhaltig, sondern durch die vielen Samen und Kerne auch reich an gesundem pflanzlichem Eiweiß und Fett. Außerdem machen die kernigen Zutaten sowie die Buttermilch das Brot wunderbar saftig - es hält sich leicht 4-5 Tage, im Kühlschrank sogar mindestens 1 Woche. Sie können auch gerne gleich zwei Laibe backen und einen davon einfach einfrieren.

Für 1 Laib (20 Scheiben)
Zubereitung: 30 Minuten
Gehen: 1 Stunde 45 Minuten
Backen: 40-45 Minuten

500 g Dinkelvollkornmehl
30 g Hefe
1 TL Apfeldicksaft
100 g geschroteter Leinsamen
50 g Sonnenblumenkerne
40 g Weizenkeime
30 g geschälte Hanfsamen
2 TL Salz
60 g zarte Haferflocken
2 EL Rapsöl
300 ml reine Buttermilch (max. 1 % Fett)
2 EL kernige Haferflocken
Mehl zum Arbeiten

Pro Scheibe (à 60 g): ca. 170 kcal, 7 g EW, 6 g F, 21 g KH, 4 g BST

• Mehl in eine große Schüssel geben. In die Mitte eine Mulde drücken, Hefe hineinbröckeln und mit Apfeldicksaft und 50 ml lauwarmem Wasser verrühren. Etwas Mehl vom Rand aufstäuben und zugedeckt an einem warmen Ort ca. 15 Minuten gehen lassen.

• Samen, Kerne, Salz, zarte Haferflocken und Öl zum Mehl in die Schüssel geben. Buttermilch und 125 ml Wasser lauwarm erhitzen, dazugießen und alles mit den Knethaken des Handrührgeräts oder in der Küchenmaschine glatt verkneten. Den Teig zugedeckt an einem warmen Ort ca. 1 Stunde gehen lassen.

• Den Teig auf der bemehlten Arbeitsfläche kräftig durchkneten und zu einem runden Laib formen. Auf ein mit Backpapier belegtes Blech setzen und zugedeckt weitere ca. 30 Minuten gehen lassen.

• Den Backofen auf 225 °C vorheizen. Eine ofenfeste Schale mit kochend heißem Wasser auf den Ofenboden stellen. Das Brot mit Wasser einpinseln, über Kreuz ca. 1 cm tief einschneiden und mit den kernigen Haferflocken bestreuen und diese leicht andrücken.

• Das Brot im Ofen auf der mittleren Schiene ca. 15 Minuten backen, dann die Hitze auf 200 °C reduzieren und das Brot in 25-30 Minuten fertig backen. Auf einem Kuchengitter auskühlen lassen.

EMMER-BRÖTCHEN AUS QUARK

Das Urgetreide Emmer ist aufgrund des hohen Eiweiß- und Vitalstoffgehalts, darunter Magnesium, Eisen, Zink und Vitamin E, viel wertvoller als helles Weizenmehl und damit ideal für eigene Gebäckkreationen. Sie können diese Brötchen gerne auch nach persönlichen Vorlieben abwandeln: mit getrockneten Kräutern, klein geschnittenen Soft-Tomaten oder gehackten Walnüssen im Teig oder abgeriebener Bio-Zitronenschale und Vanillepulver für eine milde Variante.

Für 10 Stück
Zubereitung: 25 Minuten
Gehen: 1 Stunde 25 Minuten
Backen: 20-25 Minuten

300 g Emmervollkornmehl (ersatzweise Dinkelvollkornmehl)
125 ml Milch (3,5 % Fett)
½ Würfel Hefe (21 g)
2 TL flüssiger Honig
200 g Magerquark
75 ml Rapsöl
2 EL Weizenkeime
½ TL Salz
Mehl zum Arbeiten

Pro Stück (à 60 g): ca. 210 kcal, 8 g EW, 9 g F, 22 g KH, 3 g BST

- Das Mehl in eine große Schüssel geben und in die Mitte eine Mulde drücken. Die Milch in einem kleinen Topf bei milder Hitze kurz erwärmen. Die Hefe in die Mulde bröckeln und mit dem Honig, der Milch und etwas Mehl vom Rand verrühren. Zugedeckt an einem warmen Ort ca. 10 Minuten gehen lassen.

- Dann den Quark, Öl, Weizenkeime und Salz zum Vorteig geben. Alle Zutaten mit den Knethaken des Handrührgeräts zu einem glatten Teig verarbeiten. Zur Kugel formen und abgedeckt an einem warmen Ort etwa 1 Stunde gehen lassen.

- Anschließend den Teig auf der leicht bemehlten Arbeitsfläche noch mal gut durchkneten. In 10 gleich große Stücke teilen und mit bemehlten Händen zu Brötchen formen. Auf ein mit Backpapier belegtes Blech setzen und nochmals ca. 15 Minuten gehen lassen.

- Inzwischen den Backofen auf 180 °C vorheizen. Die Brötchen im Ofen auf der mittleren Schiene in 20-25 Minuten goldbraun backen. Die Brötchen herausnehmen und auf einem Kuchengitter vollständig abkühlen lassen. Sie halten sich 3-4 Tage und lassen sich auch sehr gut einfrieren.

MINI-VOLLKORN-PITABROTE AUS DINKEL

Durch das Dinkelvollkornmehl sind diese Pitabrote gesundheitlich wertvoller als viele Fertigbrote aus dem Supermarkt, die noch dazu oft Zusatzstoffe enthalten. Sie passen gut zu mediterranen Gerichten und Salaten und lassen sich auch füllen. Dazu einen ca. 2 cm breiten Streifen abschneiden und die Pitabrote vorsichtig öffnen.

Für 6 Stück
Zubereitung: 25 Minuten
Gehen: 2 Stunden 30 Minuten
Backen: 15–20 Minuten

150 g Dinkelvollkornmehl
150 g Dinkelmehl (Type 630)
½ Würfel Hefe (21 g)
1 TL flüssiger Honig
1 TL Salz
1 EL Olivenöl
Mehl zum Arbeiten

Pro Stück (à 50 g): ca. 200 kcal, 7 g EW, 3 g F, 35 g KH, 3 g BST

- Beide Mehlsorten in einer Schüssel mischen. Die Hefe mit dem Honig in 150 ml lauwarmem Wasser auflösen und mit dem Salz zum Mehl geben. Alle Zutaten mit den Knethaken des Handrührgeräts oder in der Küchenmaschine 5–10 Minuten verkneten. Teig zu einer Kugel formen und zugedeckt an einem warmen Ort für ca. 2 Stunden gehen lassen.

- Dann den Teig zusammenkneten, das Öl unterarbeiten und auf der leicht bemehlten Arbeitsfläche nochmals kurz durchkneten.

- Den Teig in 6 gleich große Portionen teilen, jedes Teigstück zu einer Kugel formen und mit dem Handballen zu einem etwa ½ cm dicken Fladen (10–11 cm ø) flach drücken. Die Teiglinge auf einen mit Backpapier ausgelegten Gitterrost legen und zugedeckt weitere ca. 30 Minuten gehen lassen.

- Den Backofen rechtzeitig auf 220 °C vorheizen. Pitabrote mit Wasser bestreichen und im Ofen auf der mittleren Schiene 15–20 Minuten backen, dabei einmal wenden. Herausnehmen und sofort servieren oder abkühlen lassen.

SATTMACHER

Neue Energie für die zweite Hälfte des Tages

Wenn mittags der große Hunger „anklopft", haben komplexe Kohlenhydrate ihren großen Auftritt. Zusammen mit reichlich Gemüse machen sie lange satt und verhindern so Heißhungerattacken und Stimmungsschwankungen am Nachmittag.

GRÜNE EDAMAME-SHAKSHUKA MIT BLATTSPINAT

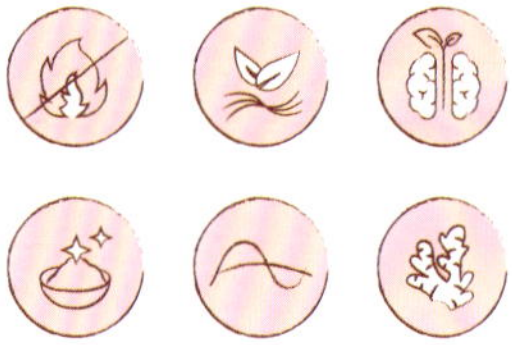

Edamame sind unreif geerntete Sojabohnen. Man findet sie mittlerweile in vielen gut sortierten Supermärkten im Tiefkühlregal – oft bereits ohne Schote, was besonders praktisch ist. In ihnen stecken neben den ACE-Vitaminen auch reichlich Vitamin E und K sowie Magnesium, Eisen und sogar Omega-3-Fettsäuren.

Für 2 Personen
Zubereitung: 35 Minuten

1 grüne Paprikaschote
4 Frühlingszwiebeln
1 Zucchini (ca. 200 g)
200 g junger Blattspinat
1 Knoblauchzehe
2 EL Olivenöl
1 TL gemahlener Kreuzkümmel
¼–½ TL Chiliflocken
Salz, Pfeffer aus der Mühle
200 g tiefgekühlte Edamamekerne
75 ml Gemüsebrühe
2 EL Frischkäse (Halbfettstufe)
4 Eier (Größe M)
1 EL ungeschälter Sesam
4 Stiele Koriandergrün
1 Mini-Vollkorn-Pitabrot
(à 50 g; siehe Seite 84)

Pro Portion: ca. 640 kcal,
38 g EW, 33 g F, 41 g KH, 14 g BST

• Die Paprika halbieren, putzen, entkernen, waschen und ca. 1 ½ cm groß würfeln. Frühlingszwiebeln waschen, putzen, die weißen und grünen Teile getrennt in feine Ringe schneiden. Zucchini waschen, putzen und ca. 1 cm groß würfeln. Spinat verlesen, waschen und gut abtropfen lassen. Den Knoblauch schälen und fein würfeln.

• Öl in einer großen Pfanne erhitzen. Paprika, Zucchini, weiße Frühlingszwiebeln und Knoblauch dazugeben und 4–5 Minuten unter Wenden anbraten. Mit Kreuzkümmel, ¼ TL Chiliflocken, Salz und Pfeffer würzen. Edamame und grüne Zwiebeln hinzufügen, Brühe angießen und offen ca. 4 Minuten bei mittlerer Hitze köcheln lassen. Spinat unterheben und mitdünsten, bis er zusammengefallen ist.

• Die Pfanne vom Herd nehmen, den Frischkäse unterrühren, salzen und pfeffern. Mit einem Esslöffel vier Mulden ins Gemüse drücken und je ein aufgeschlagenes Ei hineingleiten lassen. Die Eier zugedeckt bei mittlerer Hitze ca. 8 Minuten stocken lassen.

• Inzwischen den Sesam in einer Pfanne ohne Fett bei mittlerer Hitze anrösten. Beiseitestellen. Den Koriander waschen, trocken schütteln, die Blätter abzupfen und grob hacken. Die Shakshuka in der Pfanne mit dem Sesam, Koriander und nach Belieben mit Chiliflocken bestreut servieren. Je ein halbes Pitabrot dazu reichen.

ROTE-BETE-FALAFEL MIT TAHINSAUCE UND FELDSALAT

Rote Beten sind extrem mineralstoffhaltig und versorgen uns mit ACE-Vitaminen. Auch die Kerne des Granatapfels sind reich an Vitaminen, vor allem aber an entzündungslindernden Anthocyanen. Dadurch schützen sie die Zellen vor freien Radikalen und verbessern die Barrierefunktion des Darms.

Für 2 Personen
Zubereitung: 45 Minuten

1 kleine rote Zwiebel
1 Knoblauchzehe
125 g Rote Bete
125 g Kichererbsen (aus Glas oder Dose)
Salz, Pfeffer aus der Mühle
½ TL gemahlener Kreuzkümmel
3 EL Zitronensaft
2–3 EL Kichererbsenmehl
4 EL Olivenöl
80 g Feldsalat
1 EL Weißweinessig
2 EL ausgelöste Granatapfelkerne (aus dem Kühlregal)
150 g stichfester Joghurt (3,5 % Fett)
1 EL Tahin (Sesammus)

Pro Portion: ca. 480 kcal,
14 g EW, 31 g F, 32 g KH, 7 g BST

• Die Zwiebel und den Knoblauch schälen, fein würfeln. Die Rote Bete putzen, schälen und auf der Rohkostreibe fein raspeln, dabei am besten Einweghandschuhe tragen, da die Knollen stark färben. Die Kichererbsen in einem Sieb abbrausen, abtropfen lassen.

• Die vorbereiteten Zutaten mit ½ TL Salz, Pfeffer, Kreuzkümmel und 1 EL Zitronensaft in einem hohen Rührgefäß mit dem Stabmixer grob pürieren. Die Masse mit dem Kichererbsenmehl in einer Schüssel mischen und zu einem glatten Teig verkneten. Daraus mit feuchten Händen 10 Bällchen formen und leicht flach drücken.

• In einer großen beschichteten Pfanne 2 EL Öl erhitzen. Die Falafeln darin bei mittlerer Hitze auf jeder Seite ca. 5 Minuten braten.

• In der Zwischenzeit den Feldsalat waschen, trocken schütteln und putzen. In einer Schüssel Essig, Salz, Pfeffer und übriges Öl verquirlen. Feldsalat und Granatapfelkerne untermischen. Den Joghurt mit Tahin und dem übrigen Zitronensaft verrühren, salzen und pfeffern.

• Den Salat mit den Falafeln und der Sauce auf Tellern anrichten. Dazu passt pro Person ein Mini-Vollkorn-Pitabrot (siehe Seite 84).

QUINOA-BROKKOLI-POWERBOWL

Brokkoli ist ein echtes Superfood. Reichlich Vitamin A und C, Folsäure, Kalzium, Eisen und Zink sowie sein Anteil an sogenannten Senfölglykosiden machen ihn zu einer Nährstoffbombe mit hohem antioxidativem und antibiotischem Potenzial. Besonders viele der gesunden Inhaltsstoffe stecken in Bimi, auch wilder Brokkoli oder Stängelbrokkoli genannt. Es lohnt sich, nach ihm Ausschau zu halten.

Für 2 Personen
Zubereitung: 45 Minuten

100 g rote Quinoa, Salz
2 EL Apfelessig
schwarzer Pfeffer aus der Mühle
2 TL ungeschälter Sesam
200 g Bimi oder Brokkoliröschen
1 große Möhre (ca. 100 g)
1 Handvoll junger Blattspinat
1 reife Avocado
3 EL Limettensaft
2 TL Apfeldicksaft
½ TL Pulbiber (scharfe Paprikaflocken)
3 EL Olivenöl
4 Ziegenfrischkäsetaler (à 40 g)
20 g ausgelöste Granatapfelkerne (aus dem Kühlregal oder tiefgefroren und aufgetaut)

Pro Portion: ca. 680 kcal,
19 g EW, 41 g F, 51 g KH, 12 g BST

• Die Quinoa in einem Sieb kalt abspülen, in 250 ml Salzwasser aufkochen und bei milder Hitze abgedeckt 15–20 Minuten garen, dann abgießen, abschrecken und gut abtropfen lassen. Den Essig mit Salz und Pfeffer in einer Schüssel verrühren, die Quinoa untermischen und vollständig abkühlen lassen.

• Inzwischen den Sesam in einer Pfanne ohne Fett bei mittlerer Hitze rösten. Vom Herd nehmen und beiseitestellen. Bimi waschen, abtropfen lassen und in 4–5 cm große Stücke schneiden, dabei die Stielenden knapp abschneiden. In kochendem Salzwasser 2–3 Minuten garen, abgießen, abschrecken und abtropfen lassen.

• Die Möhre putzen, schälen und auf einem Spiralschneider in spaghettifeine Streifen schneiden. Den Spinat verlesen, waschen und trocken schütteln. Die Avocado längs halbieren, entkernen, das Fruchtfleisch erst mit einem Löffel auslösen und dann quer in Scheiben schneiden. Für das Dressing Limettensaft, Salz, Pfeffer und Apfeldicksaft mit Pulbiber und Öl in einer Schale verrühren.

• Die Quinoa als Basis auf zwei Schüsseln (Bowls) verteilen. Möhrenstreifen, Bimi, Spinat, Avocadoscheiben und je 2 Ziegenkäsetaler darauf anrichten und mit jeweils 2–3 EL Sauce beträufeln. Mit Granatapfelkernen und Sesam bestreut servieren.

GRIECHISCHER LINSEN-RISONI-SALAT

Pasta aus Hülsenfrüchten wird immer beliebter. Sie hat zwar einen etwas stärkeren Eigengeschmack als „normale" Nudeln, dafür kommen viele wertvolle Proteine, Ballast- und Mineralstoffe auf den Teller, darunter auch das wichtige Magnesium und Eisen. Wegen der komplexen Kohlenhydrate wirken sie zudem harmonisierend auf den Blutzuckerspiegel.

Für 2 Personen
Zubereitung: 30 Minuten

80 g rote Linsen-Risoni (Linsennudeln; aus dem Bioladen)
Salz
1 gelbe Spitzpaprikaschote
2 Minigurken (ca. 200 g)
250 g kleine Strauchtomaten
1 kleine rote Zwiebel
½ Bund Petersilie
30 g schwarze Oliven (ohne Stein)
30 g grüne Oliven (ohne Stein)
2 EL Zitronensaft
Pfeffer aus der Mühle
½ TL getrockneter Oregano
3 EL Olivenöl
100 g Feta (Schafskäse)

Pro Portion: ca. 520 kcal,
20 g EW, 32 g F, 32 g KH, 7 g BST

- Die Linsen-Risoni in kochendem Salzwasser nach Packungsangabe in 8–10 Minuten bissfest garen, dann abgießen, abschrecken und abkühlen lassen.

- Inzwischen Spitzpaprika längs aufschneiden, putzen, entkernen, waschen und in feine Halbringe schneiden. Gurken waschen, putzen und schräg in Scheiben schneiden. Tomaten waschen, vom Stielansatz befreien und in Spalten schneiden. Zwiebel schälen, halbieren und in feine Streifen schneiden. Petersilie abbrausen, trocken schütteln, Blätter abzupfen und grob hacken. Oliven abtropfen lassen.

- In einer Schüssel Zitronensaft und 2 EL Wasser mit Salz, Pfeffer, Oregano und Olivenöl verquirlen. Die Linsen-Risoni, Gurken- und Paprikawürfel, Zwiebel, Oliven und Petersilie bis auf 1 EL dazugeben, mit der Vinaigrette mischen. Den Schafskäse trocken tupfen und zerbröckeln, zwei Drittel des Käses vorsichtig unterheben.

- Den Salat in Schalen oder auf Tellern anrichten und mit dem verbliebenen Schafskäse sowie Petersilie bestreut servieren.

ZUCCHINI-PASTA MIT ZIEGENKÄSE

Für 2 Personen
Zubereitung: 30 Minuten

120 g Spaghetti
Salz
2 EL Pinienkerne
1 grüne Zucchini (ca. 350 g)
1 gelbe Zucchini (ca. 350 g)
1 Bio-Zitrone
1 Knoblauchzehe
2 EL Olivenöl
1 TL flüssiger Honig
Pfeffer aus der Mühle
3 Stiele Basilikum
100 g Ziegenfrischkäse
(mind. 45 % Fett i. Tr.)

Pro Portion: ca. 540 kcal,
21 g EW, 23 g F, 56 g KH, 7 g BST

- Die Spaghetti in reichlich kochendem Salzwasser nach Packungsanweisung bissfest garen. Die Pinienkerne in einer Pfanne ohne Fett bei mittlerer Hitze hellbraun anrösten, beiseitestellen.

- Die Zucchini waschen, putzen und mit dem Spiralschneider in spaghettifeine Streifen schneiden. Die Zitrone heiß waschen, abtrocknen, die Schale fein abreiben und den Saft auspressen. Den Knoblauch schälen und fein würfeln.

- Öl in einer großen beschichteten Pfanne erhitzen, die Zucchinistreifen darin bei mittlerer Hitze 2–3 Minuten anbraten. Knoblauch dazugeben, kurz mitbraten. Die Pasta abgießen, abtropfen lassen, dabei 125 ml Kochwasser auffangen. Kochwasser mit Zitronensaft und -schale sowie Honig verrühren, in die Pfanne gießen. Nudeln dazugeben und mit den Zucchini mischen. Mit Salz und Pfeffer abschmecken, 2–3 Minuten bei milder Hitze ziehen lassen.

- Inzwischen das Basilikum abbrausen, trocken schütteln und die Blätter von den Stielen zupfen. Die Zucchini-Nudeln in tiefen Tellern anrichten, den Ziegenkäse in Flöckchen daraufgeben. Mit Pfeffer und Pinienkernen bestreuen. Mit Basilikum garniert servieren.

NUDELN MIT TOMATEN-PESTO

- Walnüsse grob hacken, in einer Pfanne ohne Fett bei mittlerer Hitze anrösten, auf einen Teller geben und abkühlen lassen. Getrocknete Tomaten abtropfen lassen und grob schneiden. Knoblauch schälen und würfeln, Kapern abtropfen lassen. Oregano waschen, trocken schütteln, die Blätter abzupfen. Die Zitrone heiß waschen, trocken reiben, die Schale fein abreiben und 1 EL Saft auspressen.

- Getrocknete Tomaten, Knoblauch, Kapern, Oregano, Zitronenschale und -saft sowie 30 g Nüsse im Blitzhacker fein zerkleinern, dabei das Öl unterrühren. Pesto mit Salz und Pfeffer abschmecken.

- Inzwischen die Nudeln in reichlich kochendem Salzwasser nach Packungsangabe bissfest garen. Tomaten waschen und halbieren oder vierteln. Rucola verlesen, waschen und trocken schütteln.

- Die Nudeln abgießen, dabei 75 ml Nudelwasser auffangen. Die Pasta zurück in den Topf geben. 2 EL vom Pesto mit dem aufgefangenen Kochwasser verrühren, mit den Tomaten unter die Nudeln mischen. Den Rucola unterheben, mit Salz und Pfeffer würzen. Die Pasta anrichten und mit übrigen Walnüssen bestreut servieren. Das restliche Pesto dazu reichen.

Für 2 Personen
Zubereitung: 30 Minuten

50 g Walnusskerne
80 g getrocknete Tomaten (in Öl)
1 Knoblauchzehe
1 EL Kapern
1 Stiel Oregano
½ Bio-Zitrone
1–2 EL Olivenöl
Salz, Pfeffer aus der Mühle
120 g kurze Nudeln (z. B. Spiralen)
200 g bunte Cocktailtomaten (rot, gelb)
60 g Rucola

Pro Portion: ca. 530 kcal,
15 g EW, 27 g F, 52 g KH, 8 g BST

SPARGEL-QUINOTTO MIT THYMIAN

Sie sind auf der Suche nach einer Alternative zu Nudeln oder Reis? Hier ist sie: Quinoa. Das „Gold der Inka" gehört zu den Pseudogetreiden, ist sehr eiweiß- und ballaststoffreich und enthält entzündungslindernde sekundäre Pflanzenstoffe. Besonders hervorzuheben ist auch der hohe Eisengehalt, ideal für die vorwiegend pflanzliche Ernährung. Gleichzeitig ist Quinoa ein guter Lieferant für Magnesium und Zink.

Für 2 Personen
Zubereitung: 30 Minuten

125 g helle Quinoa
2 EL Olivenöl
350–450 ml heiße Gemüsebrühe
300 g grüner Spargel
1 große Tomate (ca. 100 g)
6 Stiele Thymian
30 g Parmesan (am Stück)
1 Schalotte
1 Knoblauchzehe
75 g Sahne
Salz, Pfeffer aus der Mühle
6–8 Basilikumblätter

Pro Portion: ca. 570 kcal,
18 g EW, 33 g F, 46 g KH, 8 g BST

- Quinoa in einem Sieb gründlich mit kaltem Wasser waschen und gut abtropfen lassen. In einem Topf 1 EL Öl erhitzen, Quinoa dazugeben und ca. 2 Minuten bei mittlerer Hitze andünsten. 300 ml Brühe angießen und offen unter gelegentlichem Umrühren 13–15 Minuten bei milder Hitze köcheln lassen. Dabei nach und nach noch so viel Brühe angießen, dass die Körner nicht zu trocken sind.

- Während die Quinoa gart, den Spargel waschen, im unteren Drittel schälen, die Enden abschneiden und die Stangen schräg in ca. 2 cm breite Stücke schneiden. Die Tomate waschen, vom Stielansatz befreien, halbieren, entkernen und klein würfeln. Thymian abbrausen, trocken schütteln, Blättchen abstreifen. Parmesan reiben.

- Schalotte und Knoblauch schälen, fein würfeln und im übrigen Öl in einer Pfanne bei mittlerer Hitze ca. 2 Minuten dünsten. Den Spargel dazugeben und ca. 3 Minuten mitdünsten. Anschließend die Sahne und die Tomatenwürfel hinzufügen, mit Salz und Pfeffer würzen und ca. 2 Minuten bei milder Hitze ziehen lassen.

- Die Spargelmischung mit den Thymianblättchen und zwei Dritteln des Parmesans unter das fertige Quinotto ziehen. Noch mal abschmecken, auf Teller verteilen und mit übrigem Parmesan und Basilikum bestreut servieren.

ITALIENISCHE KARTOFFEL-MANGOLD-PFANNE

Wenn Kartoffeln wie für dieses Rezept vorgekocht werden und zwischendurch abkühlen, ehe sie weiterverarbeitet werden, bildet sich resistente Stärke. Diese wirkt regulierend auf den Blutzucker und wird vom Darmmikrobiom zu wertvollen Fettsäuren verstoffwechselt, die unter anderem antientzündlich wirken.

Für 2 Personen
Zubereitung: 40 Minuten

300 g kleine festkochende Kartoffeln (z. B. Drillinge)
Salz
400 g Mangold
1 Zucchini (ca. 200 g)
40 g getrocknete Tomaten (in Öl)
50 g schwarze Oliven (ohne Stein)
1 Zwiebel
1 Knoblauchzehe
2 Zweige Rosmarin
2 EL Olivenöl
100 ml Gemüsebrühe
Pfeffer aus der Mühle
40 g Parmesanspäne (aus dem Kühlregal)

Pro Portion: ca. 420 kcal,
17 g EW, 21 g F, 32 g KH, 11 g BST

• Am Vortag: Die Kartoffeln gut waschen und in Salzwasser als Pellkartoffeln knapp gar kochen, dann abschrecken, pellen, abkühlen lassen und ca. 1 ½ cm groß würfeln.

• Den Mangold waschen, putzen, Stiele in ca. ½ cm breite Streifen, Blätter in ca. 1 cm breite Streifen schneiden. Die Zucchini waschen, putzen und ca. 1 ½ cm groß würfeln. Tomaten abtropfen lassen und in feine Streifen schneiden, Oliven abtropfen lassen und halbieren. Zwiebel und Knoblauch schälen und in feine Streifen bzw. dünne Scheibchen schneiden. Rosmarin abbrausen und grob zerpflücken.

• Das Öl in einer großen beschichteten Pfanne erhitzen. Kartoffeln, Knoblauch und Rosmarin darin bei mittlerer Hitze 4–5 Minuten unter Wenden goldbraun braten. Dann Mangoldstiele, Zucchini, Zwiebel, Tomaten und Oliven hinzufügen und weitere 3 Minuten braten, dabei mehrfach wenden. Mit der Brühe ablöschen, alles ca. 5 Minuten einkochen lassen. Mit Salz und Pfeffer abschmecken.

• Kurz vor dem Servieren das Mangoldgrün unterheben und 1–2 Minuten dünsten. Die Kartoffelpfanne anrichten und mit Parmesanspänen bestreut servieren.

SOMMERLICHES OFENGEMÜSE MIT KRÄUTERQUARK

Die Kombination aus Kartoffeln, Kichererbsen und Quark versorgt den Körper auf einen Schlag mit vielen lebenswichtigen Aminosäuren. Dazu kommen dann noch die verschiedensten Vitamine, Mineral- und sekundären Pflanzenstoffe aus dem Gemüse und - nicht zu vergessen - der hohe Anteil an Ballaststoffen!

Für 2 Personen
Zubereitung: 30 Minuten
Backen: 20-25 Minuten

200 g kleine gekochte Pellkartoffeln (z. B. Drillinge)
je 1 gelbe und rote Paprikaschote
200 g grüner Spargel
300 g Blumenkohl
125 g Kichererbsen (aus Glas oder Dose)
1 Knoblauchzehe, 6 Stiele Thymian
Salz, Pfeffer aus der Mühle
4 EL Olivenöl
150 g Cocktailtomaten (an der Rispe)
250 g Magerquark
3 EL Mineralwasser (Kohlensäure)
je ½ Bund Petersilie und Basilikum
1 Bio-Zitrone

Pro Portion: ca. 530 kcal,
27 g EW, 25 g F, 39 g KH, 12 g BST

• Den Backofen auf 200 °C vorheizen. Die Kartoffeln ungeschält längs halbieren. Die Paprika vierteln, putzen, entkernen, waschen und in 2-3 cm große Stücke schneiden. Den Spargel waschen, im unteren Drittel schälen, dabei die Endstücke abschneiden, dann die Spargelstangen schräg in ca. 5 cm breite Stücke schneiden. Den Blumenkohl waschen, putzen, in kleine Röschen teilen, die Stiele schälen und würfeln. Die Kichererbsen in ein Sieb abgießen, abbrausen und abtropfen lassen.

• Knoblauch schälen und würfeln, Thymian abbrausen und die Blättchen abzupfen. Beides mit Salz, Pfeffer und Öl in einer Schüssel mischen. Kartoffeln, Paprika, Spargel, Blumenkohl und Kichererbsen dazugeben, in der Marinade wenden. Gemüse auf einem mit Backpapier belegten Blech verteilen und im heißen Ofen auf der 2. Schiene von unten 20-25 Minuten backen. Die Tomaten waschen, samt Rispen grob in Stücke schneiden und nach der Hälfte der Backzeit mit aufs Blech legen.

• Quark mit Mineralwasser glatt rühren. Die Kräuter waschen, trocken schütteln, dann die Blätter abzupfen, hacken und unter den Quark rühren. Mit Salz und Pfeffer abschmecken. Zitrone heiß waschen, trocken reiben und in Spalten schneiden. Das Ofengemüse anrichten, mit Kräuterquark und Zitronenspalten servieren.

LINSEN-RATATOUILLE-AUFLAUF MIT KARTOFFELKRUSTE

Die Kombi macht Linsen zum perfekten „Seelenfutter": wertvolle sekundäre Pflanzenstoffe, Vitamin B_1, B_2 und Folsäure, Magnesium, Zink und Eisen. Dazu stecken in den Häutchen um den Kern wasserunlösliche Ballaststoffe für die Verdauung, im Inneren lösliche für die Darmbakterien, darunter auch resistente Stärke. Die hat nebenbei noch einen regulierenden Effekt auf den Blutzuckerspiegel.

Für 2 Personen
Zubereitung: 1 Stunde
Backen: 30-35 Minuten

80 g Berglinsen, Salz
1 rote Paprikaschote
1 Zucchini (ca. 175 g)
1 kleine Aubergine (ca. 250 g)
1 kleine rote Zwiebel
2 Knoblauchzehen
4 Stiele Thymian, 4 EL Olivenöl
1 TL edelsüßes Paprikapulver
1 Dose stückige Tomaten (400 g)
125 ml Gemüsebrühe
1-2 EL Aceto balsamico
Pfeffer aus der Mühle
250 g kleine festkochende Kartoffeln
1 TL frisch gehackter Rosmarin
2 El gehackte Petersilie

Pro Portion: ca. 520 kcal,
18 g EW, 23 g F, 51 g KH, 15 g BST

- Linsen im Sieb kalt abspülen, abtropfen lassen. Mit 300 ml Salzwasser in einem Topf aufkochen und zugedeckt bei milder Hitze ca. 25 Minuten garen, dann abgießen und abtropfen lassen.

- Paprika halbieren, putzen, entkernen und waschen. Zucchini und Aubergine waschen und putzen. Alles in 1-2 cm große Würfel schneiden. Zwiebel und Knoblauch schälen und fein würfeln. Thymian abbrausen, trocken schütteln, die Blätter abstreifen und hacken.

- In einem breiten Topf 3 EL Öl erhitzen. Zwiebel und Knoblauch darin bei mittlerer Hitze ca. 2 Minuten anbraten. Paprika, Zucchini und Aubergine dazugeben und ca. 5 Minuten unter Rühren mitbraten. Paprikapulver und Thymian zufügen, kurz mitdünsten. Tomaten, Linsen und Brühe in den Topf geben, mit Essig, Salz und Pfeffer würzen und offen bei mittlerer Hitze ca. 10 Minuten garen.

- Backofen auf 200 °C vorheizen. Kartoffeln schälen, in ca. 2 mm dünne Scheiben hobeln und ca. 10 Minuten in kaltes Wasser legen. Linsengemüse in eine runde Auflaufform (ca. 25 cm ø) füllen. Kartoffeln abtropfen lassen, trocken tupfen und mit übrigem Öl, Rosmarin und Salz mischen. Auf dem Gemüse verteilen. Im heißen Ofen auf der mittleren Schiene in 30-35 Minuten goldbraun backen. Herausholen, ca. 5 Minuten ruhen lassen und mit Petersilie bestreuen.

GRILLGEMÜSE AUF DINKEL-BROT

Für 2 Personen
Zubereitung: 20 Minuten
Backen: 25 Minuten

1 kleine rote Paprikaschote
1 kleine Zucchini (ca. 150 g)
2 EL Olivenöl
1 TL getrockneter Thymian
Salz, Pfeffer aus der Mühle
2 Scheiben Dinkel-Leinsamen-Vollkornbrot (à 60 g; siehe Seite 80; ersatzweise Dinkelvollkornbrot)
150 g Magerquark
1 EL Aceto balsamico bianco
4 Basilikumblätter

Pro Portion: ca. 360 kcal,
18 g EW, 18 g F, 29 g KH, 6 g BST

- Den Backofen auf 200 °C vorheizen. Die Paprika vierteln, putzen, entkernen, waschen und in ca. 2 cm große Stücke schneiden. Die Zucchini waschen, putzen und in ca. ½ cm dicke Scheiben schneiden.

- In einer Schüssel 1 EL Öl, Thymian, Salz und Pfeffer verrühren, das Gemüse dazugeben und in dem Würzöl gründlich wenden. Auf einem mit Backpapier belegten Blech verteilen und im heißen Ofen auf der mittleren Schiene ca. 25 Minuten rösten, dabei einmal wenden.

- Nach 20 Minuten die Brotscheiben mit auf das Backblech legen, mit dem übrigen Öl beträufeln und noch ca. 5 Minuten mitrösten. Dann das Backblech aus dem Ofen nehmen und die Brotscheiben und das Gemüse leicht abkühlen lassen.

- Inzwischen den Quark mit Essig, Salz und Pfeffer glatt verrühren und gleichmäßig auf die Brotscheiben streichen. Das Grillgemüse darauf verteilen und mit je 2 Basilikumblättern garniert servieren.

BRUSCHETTA-BRÖTCHEN MIT PILZEN

• Die Champignons abreiben, putzen und in Scheiben schneiden. Die Frühlingszwiebel waschen, putzen und schräg in feine Ringe schneiden. Den Knoblauch schälen und fein würfeln. Den Thymian abbrausen, trocken schütteln, die Blättchen abstreifen und hacken.

• In einer beschichteten Pfanne das Öl erhitzen. Die Pilze darin bei mittlerer Hitze 4–5 Minuten unter Wenden anbraten. Knoblauch, Frühlingszwiebel und Thymian dazugeben und ca. 2 Minuten mitdünsten. Mit Salz und Pfeffer würzen. Die Pilzmischung in eine Schüssel umfüllen und abgedeckt warm halten.

• Die Brötchen waagerecht aufschneiden und in ca. 5 Minuten von beiden Seiten anrösten. Herausnehmen.

• Rucola verlesen, von groben Stielen befreien, waschen, trocken schütteln und unter die Pilze mischen. Die Brötchenhälften mit dem Ajvar bestreichen, den Pilzmix darauf verteilen. Mit den Parmesanspänen bestreut servieren.

Für 2 Personen
Zubereitung: 25 Minuten

125 g braune Champignons
1 Frühlingszwiebel
1 kleine Knoblauchzehe
3 Stiele Thymian
2 EL Olivenöl
Salz, Pfeffer aus der Mühle
2 Emmer-Quark-Brötchen
(à 60 g; siehe Seite 83; ersatzweise Dinkelvollkornbrötchen)
1 Handvoll Rucola
50 g Ajvar (Paprikapaste; mild oder scharf)
20 g Parmesanspäne
(aus dem Kühlregal)

Pro Portion: ca. 390 kcal,
15 g EW, 23 g F, 27 g KH, 5 g BST

BLUMENKOHL-KÜRBIS-CURRY MIT CASHEWKERNEN

Sie konnten Blumenkohl bisher nichts abgewinnen? Dann haben vielleicht einfach die passenden Gewürze gefehlt. Das Beste daran: Sie sorgen nicht nur für eine Geschmacksexplosion, sondern wirken auch positiv auf den Stoffwechsel, schützen die Zellen und können sogar zu besserer Laune verhelfen.

Für 2 Personen
Zubereitung: 35 Minuten

40 g Cashewkerne
500 g Blumenkohl (ohne grüne Blätter)
300 g Hokkaidokürbis
1 kleine rote Zwiebel
1 Knoblauchzehe
10 g Ingwer
2 EL Sesam- oder Rapsöl
2 TL Currypulver
½ TL Kurkumapulver
½ TL gemahlener Koriander
1 EL Tomatenmark
1 Dose stückige Tomaten (400 g)
Salz, Pfeffer aus der Mühle
100 g griech. Joghurt (10 % Fett)
½ Bund Koriandergrün
4 Bio-Zitronenspalten

Pro Portion: ca. 410 kcal,
14 g EW, 26 g F, 25 g KH, 11 g BST

• Die Cashewkerne in einer Pfanne ohne Fett bei mittlerer bis starker Hitze ca. 3 Minuten rösten, herausnehmen und beiseitestellen. Den Blumenkohl waschen, putzen und in Röschen teilen. Den Kürbis waschen, trocken reiben und in ca. 2 cm große Würfel schneiden. Zwiebel, Knoblauch und Ingwer schälen und fein würfeln.

• Öl in einem weiten Topf erhitzen. Zwiebel, Knoblauch und Ingwer darin bei mittlerer Hitze ca. 2 Minuten unter Rühren andünsten. Blumenkohl und Kürbiswürfel hinzufügen und weitere 5 Minuten braten, dabei häufig umrühren. Curry, Kurkuma und Koriander dazugeben und kurz mitrösten. Das Tomatenmark einrühren, die Tomaten dazugeben, mit Salz und Pfeffer würzen. Den Joghurt zusammen mit 50 ml Wasser unterrühren, das Curry mit geschlossenem Deckel bei milder bis mittlerer Hitze ca. 10 Minuten köcheln.

• Inzwischen den Koriander abbrausen, trocken schütteln, etwas zum Garnieren abnehmen, den Rest grob hacken und kurz vor Ende der Garzeit unterrühren.

• Das Curry in Schalen oder tiefen Tellern anrichten, mit Cashewkernen bestreuen und mit Zitronenspalten und Koriander garniert servieren. Dazu passt pro Person 40 g (roh) Vollkorn-Basmatireis oder ein Mini-Vollkorn-Pitabrot (siehe Seite 84).

WINTERMINESTRONE MIT MEERRETTICHRAHM

Wurzelgemüse wird heute leider oft verkannt, dabei ist es eine wahre Vitamin-, Mineral- und Ballaststoffbombe. Ein weiteres Plus: Es ist fast das ganze Jahr über erhältlich und stammt meist aus der Region. Damit ist dieses Rezept eine tolle Alternative zur klassischen Minestrone mit Sommergemüse wie Zucchini und Paprika.

Für 2 Personen
Zubereitung: 40 Minuten

1 kleine Steckrübe (ca. 350 g; ersatzweise Knollensellerie)
250 g Rosenkohl
2 Möhren (ca. 125 g)
100 g Staudensellerie
1 Zwiebel, 1 Knoblauchzehe
2 EL Olivenöl
1 kleines Glas weiße Cannellini-Bohnen (130 g Abtropfgewicht)
1 TL edelsüßes Paprikapulver
½ TL getrockneter Majoran
600 ml Gemüsebrühe
100 g saure Sahne (10 % Fett)
2 TL geriebener Meerrettich (aus dem Glas)
Salz, Pfeffer aus der Mühle
5 Stiele Petersilie

Pro Portion: ca. 450 kcal,
15 g EW, 26 g F, 32 g KH, 14 g BST

• Die Steckrübe putzen, schälen und in ca. 2 cm große Würfel schneiden. Den Rosenkohl waschen, putzen und halbieren. Die Möhren putzen, schälen und ca. 1 cm groß würfeln. Sellerie waschen, putzen und schräg in ca. 1 cm breite Scheiben schneiden.

• Zwiebel und Knoblauch schälen, fein würfeln und in einem Topf im heißen Öl bei mittlerer Hitze in ca. 2 Minuten glasig dünsten. Dann das Gemüse hinzufügen und weitere ca. 5 Minuten unter Rühren dünsten. Die Bohnen in ein Sieb abgießen, abspülen und abtropfen lassen, mit dem Paprikapulver und Majoran unterrühren. Die Brühe angießen, kurz aufkochen und mit halb aufgelegtem Deckel bei milder Hitze 20–25 Minuten köcheln lassen.

• Inzwischen die saure Sahne mit dem Meerrettich verrühren, mit Salz und Pfeffer würzen. Die Petersilie waschen, trocken schütteln, die Blätter abzupfen und grob hacken. Die Hälfte davon unter den Meerrettichdip rühren.

• Die Minestrone mit Salz und Pfeffer abschmecken und mit jeweils 1 Klecks Meerrettichrahm auf tiefen Tellern anrichten. Mit der übrigen Petersilie bestreut servieren. Den restlichen Dip dazu reichen.

ROTE-ZWIEBEL-PIZZA MIT QUARK-ÖL-TEIG

Während Fertigpizza aus dem Kühlregal viele hochverarbeitete und zudem oft unerwünschte Zusatzstoffe enthält, landen hier nur gesunde Zutaten auf dem Teig. Der ist auch noch aus Vollkornmehl und macht somit nicht nur schön satt, sondern wirkt auch regulierend auf den Blutzuckerspiegel.

Für 3 Personen
Zubereitung: 45 Minuten
Backen: 8–10 Minuten

100 g Magerquark, Salz
1 Ei (Größe M), 3 EL Olivenöl
100 g Dinkelvollkornmehl
100 g Dinkelmehl (Type 630)
1 TL Weinstein-Backpulver
2 rote Zwiebeln
3 Frühlingszwiebeln
50 g Cheddar (mind. 45 % Fett i. Tr.)
1 Knoblauchzehe
100 g Frischkäse (Halbfettstufe)
50 g griech. Joghurt (10 % Fett)
2 EL gehackte Petersilie
Pfeffer aus der Mühle
30 g Sprossenmix
6–8 Basilikumblätter
Mehl zum Arbeiten

Pro Portion: ca. 550 kcal,
25 g EW, 23 g F, 56 g KH, 6 g BST

• Für den Teig Quark, ½ TL Salz, Ei und 2 EL Öl mit dem Schneebesen in einer Schüssel verrühren. Beide Mehlsorten und Backpulver mischen, zur Quarkmasse geben und mit den Knethaken des Handrührgeräts zu einem geschmeidigen Teig verkneten. Den Teig in Folie wickeln und ca. 15 Minuten im Kühlschrank ruhen lassen.

• Inzwischen die Zwiebeln schälen und in feine Ringe hobeln oder schneiden. Die Frühlingszwiebeln waschen, putzen und in dünne Ringe schneiden. Den Cheddar fein reiben. Den Knoblauch schälen und fein würfeln, mit Frischkäse, Joghurt und Petersilie verrühren. Mit Salz und Pfeffer würzen.

• Den Backofen auf 250 °C vorheizen. Den Teig auf der bemehlten Arbeitsfläche zu einem ovalen Fladen (ca. 25 x 35 cm) ausrollen und auf ein mit Backblech ausgelegtes Blech legen. Mit der Frischkäse-Creme bestreichen. Mit den Zwiebelringen belegen, mit Cheddar bestreuen und mit dem übrigen Öl beträufeln. Im Ofen auf der mittleren Schiene in 8–10 Minuten knusprig backen.

• Sprossen abbrausen, gut abtropfen lassen und vor dem Servieren auf die Pizza streuen. Mit Basilikumblättern garniert servieren.

FENCHELPASTA MIT LACHS UND GARNELEN

Fetter Seefisch wie Lachs ist eine der besten Omega-3-Quellen. Was viele nicht wissen: Auch Garnelen sind reich an diesen lebenswichtigen Fettsäuren. Achten Sie beim Kauf auf das MSC-Siegel für ökologisch nachhaltige Fischerei oder greifen Sie alternativ zu Fisch und Krustentieren aus Biozucht.

Für 2 Personen
Zubereitung: 35 Minuten

150 g rohe geschälte TK-Garnelen (aufgetaut)
200 g Wildlachsfilet (ohne Haut)
1 EL Pinienkerne
100 g Spaghetti
Salz
2 Fenchelknollen (à ca. 300 g)
250 g bunte Cocktailtomaten (gelb, rot)
1 rote Peperoni (Pfefferschote)
2 Schalotten
1 Knoblauchzehe
40 g schwarze Oliven (ohne Stein)
3 EL Olivenöl
Pfeffer aus der Mühle

Pro Portion: ca. 730 kcal,
47 g EW, 35 g F, 50 g KH, 12 g BST

• Garnelen kalt abspülen, trocken tupfen und je nach Größe halbieren. Lachs waschen, trocken tupfen und in ca. 2 cm große Stücke schneiden. Pinienkerne in einer Pfanne ohne Fett hellbraun rösten.

• Spaghetti in reichlich kochendem Salzwasser nach Packungsangabe bissfest garen. Inzwischen den Fenchel waschen, putzen, vierteln, vom Strunk befreien und quer in feine Streifen schneiden. Das Grün hacken und beiseitelegen. Tomaten waschen und halbieren. Peperoni längs halbieren, putzen, entkernen, waschen und in kleine Würfel schneiden. Schalotten und Knoblauch schälen und fein würfeln. Oliven abtropfen lassen und quer halbieren.

• In einer großen beschichteten Pfanne 2 EL Öl erhitzen. Lachs und Garnelen unter Rühren bei mittlerer Hitze ca. 3 Minuten braten. Herausnehmen, salzen und pfeffern. Anschließend den Fenchel mit dem übrigen Öl in die Pfanne geben und ca. 3 Minuten braten. Schalotten, Knoblauch und Peperoni dazugeben und kurz mitdünsten. Tomaten und Oliven untermischen und erwärmen.

• Die Spaghetti abgießen, dabei 100 ml Nudelkochwasser auffangen. Beides mit dem Lachs-Garnelen-Mix in die Pfanne geben, gut mischen und mit Salz und Pfeffer abschmecken. Mit Pinienkernen und gehacktem Fenchelgrün bestreut servieren.

MEDITERRANER FISCHTOPF MIT AVOCADOPESTO

Auch wenn der Omega-3-Gehalt bei magerem Seefisch wie Kabeljau vergleichsweise niedrig ausfällt, ist er doch reich an Proteinen, außerdem an den Spurenelementen Selen und Jod. Beide spielen eine wichtige Rolle bei der Regulierung der Schilddrüsenhormone und haben damit auch auf das psychische und seelische Wohlbefinden Einfluss.

Für 2 Personen
Zubereitung: 45 Minuten

1 gelbe Paprikaschote
200 g Zucchini, 200 g Aubergine
2 Tomaten, 2 Rosmarinzweige
1 Zwiebel, 1 Knoblauchzehe
3 EL Olivenöl
Salz, Pfeffer aus der Mühle
1 EL Tomatenmark
500 ml Gemüsebrühe
200 g stückige Tomaten (aus der Dose)
300 g Kabeljaufilet (ohne Haut; aus dem Mittelstück)
1 EL Pinienkerne
1 Handvoll Basilikumblätter
½ Avocado, 1 EL Zitronensaft
2 Mini-Vollkorn-Pitabrote (siehe Seite 84)

Pro Portion: ca. 690 kcal,
42 g EW, 32 g F, 51 g KH, 13 g BST

• Paprika, Zucchini und Aubergine waschen, putzen und ca. 2 cm groß würfeln. Tomaten waschen, vom Stielansatz befreien und in kleine Würfel schneiden. Rosmarin abbrausen, die Nadeln abzupfen und fein hacken. Zwiebel und Knoblauch schälen, fein würfeln.

• In einem Topf 2 EL Öl erhitzen. Paprika, Zucchini und Aubergine darin bei mittlerer Hitze 4–5 Minuten andünsten, salzen und pfeffern. Tomaten, Tomatenmark, Rosmarin, Zwiebel und Knoblauch dazugeben, kurz mitdünsten. Brühe und stückige Tomaten zugießen, aufkochen und ca. 15 Minuten offen garen. Inzwischen den Fisch abbrausen, trocken tupfen, 2–3 cm groß würfeln, salzen und pfeffern. Zum Gemüse geben und zugedeckt ca. 5 Minuten gar ziehen lassen.

• Pinienkerne in einer Pfanne ohne Fett hellbraun rösten und abkühlen lassen. Basilikumblätter abreiben, einige zum Garnieren beiseitelegen. Die Avocado entkernen, das Fruchtfleisch mit einem Löffel aus der Schale heben, mit Basilikum, Pinienkernen, Zitronensaft, dem übrigen Öl und 2 EL Wasser in einem hohen Rührgefäß mit dem Stabmixer pürieren. Mit Salz und Pfeffer abschmecken.

• Pitabrote kurz toasten, in ca. 2 cm breite Streifen schneiden und mit dem Pesto bestreichen. Den Eintopf in tiefen Tellern anrichten, mit Basilikum garnieren. Die Pita-Pesto-Streifen dazu servieren.

GEMÜSE-PUTEN-PFANNE MIT MANDELN

Wenig Fett, dafür viel Eiweiß und Eisen und wichtige B-Vitamine: Eine Portion weißes Fleisch, wie hier Putenbrust, in der Woche ist absolut in Ordnung und wirkt sich sogar positiv auf einen ausgeglichenen Gefühlshaushalt aus. Pute wird beim Braten normalerweise schnell trocken. Damit genau das nicht passiert, kommt hier viel buntes Gemüse mit in die Pfanne.

Für 2 Personen
Zubereitung: 35 Minuten

300 g Putenbrustfilet
200 g Brokkoli
je 1 kleine rote und gelbe Paprikaschote
125 g kleine Kräuterseitlinge (ersatzweise Champignons)
150 g kleine Strauchtomaten
1 rote Zwiebel
1 rote Peperoni (Pfefferschote)
30 g Mandeln, 3 EL Olivenöl
Salz, Pfeffer aus der Mühle
1 TL Tomatenmark
125 ml Gemüsebrühe
200 g stückige Tomaten (aus der Dose)
1 TL getrocknete italienische Kräuter, 2 EL gehacktes Basilikum

Pro Portion: ca. 540 kcal,
49 g EW, 27 g F, 17 g KH, 11 g BST

• Putenfilet waschen, trocken tupfen und in ca. 2 cm große Stücke schneiden. Brokkoli waschen, putzen und in Röschen teilen, die Stiele schälen und würfeln. Paprika halbieren, putzen, waschen und in ca. 1 ½ cm große Stücke schneiden. Die Pilze putzen und grob in Stücke schneiden. Tomaten waschen, vom Stielansatz befreien und in Spalten teilen. Zwiebel schälen und klein würfeln. Pfefferschote längs aufschneiden, putzen, waschen und in feine Würfel schneiden.

• Mandeln grob hacken, in einer Pfanne ohne Fett bei mittlerer Hitze ca. 5 Minuten rösten. Herausnehmen und beiseitestellen.

• In einer großen beschichteten Pfanne 2 EL Öl erhitzen. Das Putenfleisch darin bei starker Hitze unter Wenden rundum 2–3 Minuten anbraten, salzen und pfeffern. Paprika, Brokkoli, Pilze, Zwiebel und Pfefferschote mit dem übrigen Öl dazugeben und bei mittlerer Hitze ca. 4 Minuten braten. Tomatenmark dazugeben, ca. 2 Minuten mitbraten. Tomaten, Brühe, stückige Tomaten und Kräuter hinzufügen. Alles kurz aufkochen, dann offen ca. 4 Minuten köcheln lassen. Wieder salzen und pfeffern.

• Puten-Gemüse-Pfanne anrichten und mit Mandeln und gehacktem Basilikum bestreut servieren. Dazu passt pro Portion 1 Scheibe Dinkel-Leinsamen-Brot (siehe Seite 80) oder 40 g (roh) Naturreis.

KIMCHI-BRATREIS MIT HÄHNCHEN UND SPROSSEN

Kimchi ist die koreanische Verwandte unseres Sauerkrauts und steckt wie dieses voller darmfreundlicher Milchsäurebakterien. Man weiß heute außerdem, dass der regelmäßige Genuss solcher natürlicher „Probiotika" dem Alterungsprozess des Gehirns entgegenwirkt und das seelische Befinden positiv beeinflusst.

Für 2 Personen
Zubereitung: 40 Minuten
Garen: 30–35 Minuten

80 g Vollkorn-Basmatireis, Salz
200 g Hähnchenbrustfilet
2–3 EL Sojasauce (z. B. Tamari)
Pfeffer aus der Mühle
2 ½ EL Sesam- oder Rapsöl
1 rote Paprikaschote
150 g Zuckerschoten
3 Frühlingszwiebeln
75 g Mungobohnensprossen
100 g mittelscharfes Kimchi (aus dem Glas; Bioladen)
1 EL Limettensaft
5 Stiele Koriandergrün
2 EL geröstete Cashewkerne

Pro Portion: ca. 590 kcal, 38 g EW, 23 g F, 52 g KH, 11 g BST

- Am Vortag: Den Reis in einem Sieb abspülen und in der doppelten Menge leicht gesalzenem Wasser aufkochen und bei milder Hitze nach Packungsangabe 30–35 Minuten köcheln lassen. Offen ausdampfen und vollständig abkühlen lassen.

- Das Hähnchenfleisch waschen, trocken tupfen, in ca. ½ cm breite Streifen schneiden und in einer Schüssel mit 1 EL Sojasauce, Pfeffer und ½ EL Öl mischen. Paprika vierteln, putzen, entkernen, waschen und quer in dünne Streifen schneiden. Zuckerschoten waschen und schräg halbieren. Frühlingszwiebeln waschen, putzen und in feine Ringe schneiden. Sprossen abbrausen. Kimchi grob hacken.

- In einer großen Pfanne 1 EL Öl erhitzen und das Fleisch darin bei mittlerer bis starker Hitze rundum unter Wenden 4–5 Minuten braten. Herausnehmen und beiseitestellen. Übriges Öl in die Pfanne geben. Paprika ca. 3 Minuten darin braten. Zuckerschoten und Reis dazugeben, 2–3 Minuten mitbraten. Kimchi, Frühlingszwiebeln, Sprossen und Fleisch zufügen, gut unterrühren. Mit 1–2 EL Sojasauce, Salz, Pfeffer und Limettensaft abschmecken. Noch 2–3 Minuten ziehen lassen.

- Koriander abbrausen, trocken schütteln, abzupfen, bis auf einige Blätter fein hacken und unter den Kimchi-Reis heben. Reis in Schalen anrichten, mit Cashews und dem restlichen Koriander bestreuen.

KLEINE GERICHTE

Ganz entspannt in den Feierabend

Abends noch Lust auf etwas Leichtes? Salate, Suppen und kleine Gemüsegerichte sind schnell gemacht und halten, weil sie viel leichtes Eiweiß, aber nur wenig Kohlenhydrate liefern, den Blutzuckerspiegel flach. Das verhilft zu einer erholsamen Nachtruhe, die Sie am nächsten Morgen frisch und erholt sein lässt.

BUNTER SALAT MIT KICHERERBSENCROÛTONS

Knusprige Croûtons aus Hülsenfrüchten statt aus Brot halten den Blutzuckerspiegel im grünen Bereich und liefern eine Extraportion gesundes pflanzliches Eiweiß und reichlich Ballaststoffe. So macht auch ein kleiner Salat schön satt. Tipp: Die Kichererbsenmasse am besten schon am Vortag zubereiten und über Nacht abkühlen lassen. Dann lässt sie sich hervorragend schneiden und braten.

Für 2 Personen
Zubereitung: 35 Minuten
Abkühlen: 30 Minuten

70 g Kichererbsenmehl
Salz
¼ TL Kurkumapulver
Pfeffer aus der Mühle
120 g gemischte Blattsalate (z. B. Pflücksalat, Radicchio, Romana, Rucola, junger Blattspinat)
1 Minisalatgurke
150 g Cocktailtomaten
2 EL Aceto balsamico bianco
3 EL Olivenöl
2 getrocknete Tomaten (in Öl)
1 EL schwarze Oliven (ohne Stein)
2 TL Kapern (in Lake)

Pro Portion: ca. 340 kcal,
3 g EW, 18 g F, 28 g KH, 7 g BST

• In einem Topf 250 ml Wasser aufkochen, Topf vom Herd nehmen und das Kichererbsenmehl einrühren. Mit ¼ TL Salz, Kurkuma und Pfeffer würzen und offen 8–10 Minuten bei milder Hitze unter gelegentlichem Rühren köcheln lassen. Vom Herd nehmen und ca. 5 Minuten abkühlen lassen.

• Die Kichererbsenmasse auf ein kalt abgespültes Küchenbrett ca. 1 cm hoch zu einem Rechteck (ca. 12 x 18 cm) glatt streichen und 30 Minuten abkühlen lassen.

• Inzwischen für den Salat die Salatblätter verlesen, waschen und trocken schleudern. Die Gurke waschen, putzen und in Scheiben schneiden. Die Tomaten waschen und halbieren. Für das Dressing den Essig, Salz und Pfeffer verrühren, 2 EL Öl unterschlagen. Die getrockneten Tomaten, Oliven und Kapern abtropfen lassen, alles fein hacken und unter das Dressing mischen.

• Die Kichererbsenplatte in ca. 2 ½ cm große Würfel schneiden, die Würfel in einer beschichteten Pfanne im übrigen Öl bei mittlerer Hitze rundum in ca. 5 Minuten goldbraun anbraten, herausnehmen. Inzwischen die Salate, Gurke und Tomaten in einer Schüssel mit der Vinaigrette mischen, auf Tellern anrichten. Die Kichererbsencroûtons auf dem Salat verteilen und sofort servieren.

MELONEN-SALAT MIT MEERES-DRESSING

Für 2 Personen
Zubereitung: 30 Minuten

500 g Wassermelone
½ Salatgurke (ca. 200 g)
80 g Radieschen
1 kleine Avocado
2 EL Apfelessig
2 EL Sojasauce (z. B. Tamari)
2 TL Noriflocken
(aus dem Bioladen)
1 EL Algen- oder Leinöl
1 EL Sesamöl
2 TL ungeschälter Sesam
1 Frühlingszwiebel

Pro Portion: ca. 260 kcal,
4 g EW, 18 g F, 16 g KH, 5 g BST

- Die Melone entkernen, schälen und das Fruchtfleisch in ca. 2 cm große Stücke schneiden. Gurke waschen, putzen, streifig schälen, längs halbieren und die Kerne mit einem Löffel herausschaben. Die Hälften in ca. 1 cm dicke Scheiben schneiden. Radieschen waschen, putzen und in dünne Scheiben schneiden. Die Avocado halbieren, entkernen, das Fruchtfleisch mit einem Esslöffel aus der Schale heben und ca. 1 ½ cm groß würfeln.

- Für das Dressing Essig, Sojasauce, Noriflocken, Algen- bzw. Leinöl und Sesamöl in einer Schüssel gründlich verrühren. Melone, Gurke, Radieschen und Avocado dazugeben, vorsichtig mit dem Dressing vermengen und ca. 10 Minuten ziehen lassen.

- Inzwischen den Sesam in einer Pfanne ohne Fett bei mittlerer Hitze goldbraun anrösten. Auf einem Teller abkühlen lassen. Die Frühlingszwiebel waschen, putzen und schräg in feine Ringe schneiden. Den Salat in Schalen anrichten, mit Frühlingszwiebelringen und Sesam bestreut servieren.

SPARGELSALAT MIT BOHNEN

• Den Spargel waschen, im unteren Drittel schälen, die Endstücke abschneiden und die Stangen dann schräg in ca. 3 cm breite Stücke schneiden. In einen Dämpfeinsatz legen und in einem Topf über kochendem Salzwasser (ca. 2 ½ cm hoch) zugedeckt bei mittlerer Hitze 7–10 Minuten dämpfen. Herausnehmen und abkühlen lassen.

• Inzwischen die Bohnen in ein Sieb abgießen, abspülen und abtropfen lassen. Die Spitzpaprika längs aufschneiden, putzen, waschen und in ca. 1 cm große Stücke schneiden. Die Frühlingszwiebeln waschen, putzen und in feine Ringe schneiden. Die Kräuter abbrausen, trocken schütteln, die Blätter von den Stielen zupfen und fein hacken, den Schnittlauch in feine Röllchen schneiden.

• Für das Dressing eine Schüssel mit der Knoblauchhälfte ausreiben. Die Zitrone heiß waschen, trocknen und die Schale fein abreiben, den Zitronensaft auspressen. Beides mit Essig, Senf, Dicksaft, Salz und Pfeffer verrühren, dann nach und nach das Öl unterschlagen. Bohnen, Spargel, Paprika, Frühlingszwiebeln und Kräuter dazugeben und alles gut vermischen. Den Salat anrichten und servieren.

Für 2 Personen
Zubereitung: 30 Minuten

250 g grüner Spargel
Salz
1 Dose Bohnen-Mix
(240 g Abtropfgewicht; ersatzweise Kidneybohnen und Kichererbsen)
1 rote Spitzpaprikaschote
2 Frühlingszwiebeln
20 g gemischte Kräuter (z. B. Petersilie, Basilikum, Schnittlauch)
½ Knoblauchzehe
½ Bio-Zitrone
1 EL Aceto balsamico bianco
1 TL Dijonsenf
1 TL Birnendicksaft
Pfeffer aus der Mühle
3 EL Olivenöl

Pro Portion: ca. 300 kcal,
9 g EW, 16 g F, 23 g KH, 14 g BST

TEMPEH-ANANAS-SPIESSE MIT SPITZKOHLSALAT

Tempeh ist ein wunderbarer Fleischersatz. Es ist reich an Eiweiß – unter anderem an der stimmungsaufhellenden Aminosäure Lysin –, das unser Körper aufgrund der Fermentierung zudem besonders gut aufnehmen kann. Und dazu liefert Tempeh, weil es aus Sojabohnen gewonnen wird, auch noch reichlich Ballaststoffe, die nur in Pflanzen vorkommen.

Für 2 Personen
Zubereitung: 40 Minuten

150 g Tempeh
250 g frische Ananas
2 EL Sojasauce (z. B. Tamari)
½ TL Ingwerpulver
½ TL Chiliflocken
Pfeffer aus der Mühle
2 TL schwarzer Sesam
3 EL Weißweinessig, Salz
3 EL Sesamöl
200 g Spitzkohl
100 g Zuckerschoten
1 Frühlingszwiebel
1 EL Erdnussmus
2 TL Apfeldicksaft
1 EL geröstete Erdnusskerne (ungesalzen)

Pro Portion: ca. 530 kcal,
26 g EW, 32 g F, 26 g KH, 14 g BST

- Tempeh trocken tupfen, Ananas putzen und schälen. Beides in ca. 1 ½–2 cm gleich große Würfel schneiden. In einer flachen Schale 1 ½ EL Sojasauce, Ingwer, Chiliflocken, Pfeffer und Sesam vermengen. Tempeh und Ananas darin wenden und ca. 15 Minuten marinieren.

- Inzwischen Essig, Salz, Pfeffer und 2 EL Öl verrühren. Spitzkohl waschen, putzen und in feine Streifen schneiden. Zuckerschoten waschen, verlesen und schräg in feine Streifen schneiden. Die Frühlingszwiebel waschen, putzen, das Weiße und Hellgrüne in dünne Ringe schneiden. Das vorbereitete Gemüse mit dem Dressing gründlich mischen und ziehen lassen.

- Für den Dip Erdnussmus, Apfeldicksaft, übrige Sojasauce und 1–2 EL Wasser cremig rühren. Die Erdnüsse grob hacken.

- Ananas und Tempeh aus der Marinade heben und abwechselnd auf vier Holzspieße (à 20 cm) stecken. Übriges Öl in einer beschichteten Pfanne erhitzen, die Tempehspieße darin bei mittlerer bis starker Hitze rundum in 4–5 Minuten goldbraun anbraten. Den Spitzkohlsalat mit Salz und Pfeffer abschmecken und mit den Tempehspießen anrichten. Mit den gehackten Erdnüssen bestreut servieren, den Erdnussdip dazu reichen.

ROTE-LINSEN-KIMCHI-RÖSTI MIT SALAT

Rote Linsen sind wie alle Hülsenfrüchte Toplieferanten für Ballaststoffe. Weil sie bereits geschält sind, sind sie jedoch leichter verdaulich als viele ihrer Verwandten. Ideal, wenn man langsam auf ballaststoffreichere Kost umsteigen will. Ihr Eiweißgehalt ist hoch und entspricht in etwa dem von Hähnchen und Rindfleisch.

Für 2 Personen
Zubereitung: 40 Minuten
Einweichen: 2 Stunden

100 g rote Linsen
10 g Ingwer
2 Schalotten
1 große Möhre (ca. 100 g)
80 g Kimchi (aus dem Glas; im Kühlregal im Bioladen)
Salz, Pfeffer aus der Mühle
2 EL Sesam- oder Rapsöl
75 g stichfester Joghurt (3,5 % Fett)
2 EL Apfelessig
1 EL Sojasauce (z. B. Tamari)
1 TL geröstetes Sesamöl
100 g Feldsalat
120 g Cocktailtomaten
1 Frühlingszwiebel

Pro Portion: ca. 390 kcal,
19 g EW, 16 g F, 39 g KH, 8 g BST

- Die Linsen in einem Sieb kalt abbrausen, abtropfen lassen und in 150 ml Wasser ca. 2 Stunden einweichen. Dann abgießen und mit 100 ml frischem Wasser in einem hohen Rührbecher mit dem Stabmixer fein pürieren.

- Den Ingwer schälen und fein reiben. Schalotten schälen und fein würfeln. Die Möhre putzen, schälen und auf der Gemüsereibe grob raspeln. Kimchi hacken, mit Ingwer, Schalotten und Möhrenraspeln unter den Linsenteig heben, mit Salz und Pfeffer würzen.

- Den Backofen auf 100 °C vorheizen. Das Öl in einer großen beschichteten Pfanne erhitzen. 4–5 esslöffelgroße Teigportionen in die Pfanne geben und bei mittlerer Hitze ca. 3 Minuten backen. Die Rösti wenden und in 1–2 Minuten fertig backen. Herausnehmen und im Ofen warm halten. Aus dem restlichen Teig weitere 4–5 Rösti auf jeder Seite knusprig und goldbraun backen.

- Für den Salat Joghurt mit Essig, Sojasauce und dunkles Sesamöl verrühren, salzen und pfeffern. Feldsalat verlesen, waschen und trocken schütteln. Tomaten waschen und vierteln, Frühlingszwiebel waschen, putzen und in feine Ringe schneiden. Salat, Tomaten und Frühlingszwiebel mischen und mit den Rösti anrichten. Den Salat mit dem Sesamdressing beträufeln und sofort servieren.

ROTE-BETE-CARPACCIO MIT ZIEGENKÄSE

Für 2 Personen
Zubereitung: 30 Minuten
Garen: 50–55 Minuten

300 g Rote Bete
Salz
20 g Walnusskerne
10 g ungeschälter Sesam
1 ½ TL Koriandersamen
1 TL Kreuzkümmel
½ TL rosenscharfes Paprikapulver
2 EL Aceto balsamico
2 EL Olivenöl
100 g Ziegenfrischkäse (mind. 45 % Fett i. Tr.)
4 Stiele Koriandergrün

Pro Portion: ca. 360 kcal,
9 g EW, 27 g F, 18 g KH, 5 g BST

- Am besten am Vortag: Die Roten Beten waschen, in Salzwasser aufkochen und zugedeckt bei mittlerer Hitze 45–50 Minuten garen. Abgießen, kalt abschrecken, schälen und abkühlen lassen.

- Die Walnüsse grob hacken, in einer Pfanne ohne Fett ca. 5 Minuten bei mittlerer Hitze anrösten. Herausnehmen und abkühlen lassen. Anschließend Sesam, Koriander und Kreuzkümmel in der Pfanne so lange rösten, bis die Gewürze duften. Mit den Nüssen, Paprikapulver und ¼ TL Salz im Blitzhacker oder in einer Gewürzmühle grob zerkleinern.

- Rote Beten in feine Scheiben hobeln oder schneiden, auf Tellern dachziegelartig anrichten, mit dem Gewürz-Nuss-Mix bestreuen. Essig und Öl verquirlen, Rote Beten damit beträufeln. Den Ziegenkäse zerbröseln und darüber verteilen. Koriandergrün abbrausen, trocken schütteln und die Blätter von den Stielen zupfen. Das Carpaccio mit Koriander bestreut servieren.

GEMÜSE-NUDEL-SALAT MIT TAHIN-DRESSING

Für 2 Personen
Zubereitung: 35 Minuten

1 grüne Zucchini (ca. 150 g)
1 gelbe Zucchini (ca. 150 g)
200 g Möhren
Salz, Pfeffer aus der Mühle
125 g Kichererbsen
(aus Glas oder Dose)
½ Bio-Zitrone
1 ½ EL Tahin (Sesampaste)
1 EL Apfeldicksaft
2 EL Olivenöl
30 g Kräuterblätter (z. B. Basilikum, Koriandergrün, Petersilie)
1 EL Walnussöl
1 EL geschälte Hanfsamen
½ TL Schwarzkümmel

Pro Portion: ca. 450 kcal,
13 g EW, 27 g F, 33 g KH, 8 g BST

• Zucchini waschen und putzen, Möhren putzen und schälen. Beide mit einem Spiralschneider erst in spaghettifeine Streifen, dann mit einer Schere grob in Stücke schneiden. Leicht salzen und pfeffern. Die Kichererbsen in ein Sieb abgießen, abbrausen und gut abtropfen lassen.

• Die Zitrone heiß waschen, abtrocknen und die Schale mit einem Zestenschneider in feinen Streifen abziehen, den Zitronensaft auspressen. Für die Sauce Tahin, Zitronensaft, Dicksaft, Salz, Pfeffer und Olivenöl glatt verrühren.

• Die Kräuterblätter kurz abbrausen, trocken schütteln und ein paar Blätter zum Garnieren abnehmen. Die Gemüsenudeln mit den Zitronenzesten, Kräutern und Walnussöl mischen. Mit Salz und Pfeffer abschmecken.

• Den Salat anrichten, mit der Tahinsauce übergießen und mit Hanfsamen und Schwarzkümmel bestreuen. Mit den übrigen Kräutern garniert servieren.

MARINIERTES AUBERGINEN-GEMÜSE MIT WEISSEN BOHNEN

Weiße Bohnen sind nicht nur Ballaststoffwunder, sondern auch wichtige Eiweißlieferanten. Vor allem sind sie eine gute Quelle für Tryptophan, das unser Körper in das „Gute-Laune-Hormon" Serotonin umwandelt. Die Aminosäure ist auch am Schlaf-wach-Rhythmus beteiligt und hilft bei (Ein)Schlafschwierigkeiten. Der Körper kann aus ihr außerdem Niacin herstellen, das Nerven und Psyche stärkt, Müdigkeit und Erschöpfung dagegen verringert.

Für 2 Personen
Zubereitung: 25 Minuten
Marinieren: 30 Minuten

1 Aubergine (ca. 300 g)
Salz
1 Zucchini (ca. 200 g)
3 EL Olivenöl
125 g weiße Riesenbohnen
(aus Glas oder Dose)
1 Knoblauchzehe
1 rote Peperoni (Pfefferschote)
3 Stiele Majoran oder Oregano
2 EL Aceto balsamico
1 EL Walnussöl
Pfeffer aus der Mühle
½ Bund Petersilie
75 g Feta (Schafskäse)

Pro Portion: ca. 420 kcal,
15 g EW, 30 g F, 20 g KH, 5 g BST

- Den Backofen auf 220 °C vorheizen. Die Aubergine waschen, putzen und in ca. ½ cm dicke Scheiben schneiden, salzen und 10 Minuten ziehen lassen, dann mit Küchenpapier trocken tupfen. Die Zucchini waschen, putzen und in ca. 1 cm breite Scheiben schneiden. Auberginen- und Zucchinischeiben mit dem Olivenöl vermischen. Auf einem mit Backpapier belegten Blech verteilen und im heißen Ofen auf der mittleren Schiene 15–20 Minuten rösten.

- Inzwischen die Bohnen in ein Sieb abgießen, kalt abbrausen und abtropfen lassen. Den Knoblauch schälen und fein würfeln, die Pfefferschote waschen, putzen und mit den Kernen in feine Ringe schneiden. Majoran oder Oregano abbrausen, trocken schütteln, die Blättchen abzupfen und hacken. Mit Knoblauch, Pfefferschote, Essig und Walnussöl zu einer Marinade verrühren.

- Das Gemüse aus dem Ofen nehmen. In einer Schüssel mit den weißen Bohnen und der Marinade mischen, salzen und pfeffern und ca. 30 Minuten marinieren.

- Vor dem Servieren die Petersilie waschen, trocken schütteln, die Blätter abzupfen und hacken. Den Feta zerbröckeln. Das Bohnengemüse anrichten und mit Feta und Petersilie bestreut servieren.

KÜRBIS-POMMES MIT CHILI-JOGHURT

Für 2 Personen
Zubereitung: 20 Minuten
Backen: 20 Minuten

1 kleiner Butternutkürbis (ca. 750 g)
2 EL Olivenöl
Salz, Pfeffer aus der Mühle
1 TL edelsüßes Paprikapulver
½ TL gemahlener Koriander
250 g Joghurt (3,5 % Fett)
2 EL Zitronensaft
1 TL flüssiger Honig
½ TL Chiliflocken
1 Msp. Zimtpulver
je 4 Stiele Koriandergrün und Petersilie

Pro Portion: ca. 280 kcal,
8 g EW, 15 g F, 22 g KH, 7 g BST

- Den Backofen auf 180 °C vorheizen. Den Kürbis putzen, schälen, entkernen und in längliche Pommes (5-6 cm lang) schneiden.

- In einer großen Schüssel das Öl mit Salz, Pfeffer, Paprikapulver und Koriander verrühren, die Kürbis-Pommes dazugeben und mit dem Würzöl gründlich mischen. Auf einem mit Backpapier ausgelegten Blech verteilen und im heißen Ofen auf der 2. Schiene von unten ca. 10 Minuten backen. Danach das Blech aus dem Ofen nehmen, die Pommes wenden und weitere 5-10 Minuten backen.

- Für den Dip den Joghurt, Zitronensaft und Honig glatt verrühren. Mit Chiliflocken, Zimt, etwas Salz und Pfeffer würzen. Die Kräuter abbrausen, trocken schütteln, die Blätter von den Stielen zupfen und grob hacken.

- Die Pommes aus dem Ofen nehmen, mit den Kräutern und Salz mischen. Mit dem Chili-Joghurt anrichten und gleich servieren.

TOMATEN-GEMÜSE MIT HALLOUMI

• Halloumi trocken tupfen und in 4 gleich große Stücke schneiden. Rosmarin abbrausen, trocken schütteln, die Nadeln abzupfen und grob hacken. Mit den Kräutern der Provence, 1 EL Öl, Salz und Pfeffer verrühren. Den Halloumi auf beiden Seiten mit der Marinade bestreichen und ca. 10 Minuten ziehen lassen.

• Den Backofen auf 200 °C vorheizen. Die Zucchini waschen, putzen, längs halbieren und in ca. ½ cm dünne Scheiben schneiden. Die Tomaten waschen und halbieren. Die Zwiebel schälen, halbieren und in feine Halbringe schneiden, den Knoblauch abziehen und in dünne Scheiben schneiden. Die Oliven abtropfen lassen. Alle vorbereiteten Zutaten mischen, salzen und pfeffern. In einer Auflaufform (ca. 15 x 20 cm) verteilen und mit dem übrigen Öl beträufeln. Die Halloumischeiben auf das Gemüse legen und das Ganze im heißen Ofen auf der mittleren Schiene ca. 20 Minuten backen.

• Inzwischen die Walnüsse grob hacken. Die Petersilie waschen, trocken schütteln, die Blätter abzupfen und grob schneiden. Das Halloumi-Gemüse mit Nüssen und Petersilie bestreut servieren.

Für 2 Personen
Zubereitung: 20 Minuten
Backen: 20 Minuten

200 g Halloumi (zypriotischer Grillkäse)
1 Zweig Rosmarin
1 TL Kräuter der Provence
2 EL Olivenöl
Salz, Pfeffer aus der Mühle
1 Zucchini (ca. 200 g)
150 g Cocktailtomaten
1 kleine rote Zwiebel
1 Knoblauchzehe
je 20 g grüne und schwarze Oliven (ohne Stein)
1 EL Walnusskerne
5 Stiele Petersilie

Pro Portion: ca. 600 kcal,
32 g EW, 49 g F, 7 g KH, 4 g BST

SAUERKRAUT-TOPF ALL'ITALIANA

Für 2 Personen
Zubereitung: 25 Minuten

150 g Möhren
1 Stange Lauch (ca. 200 g)
1 Stange Staudensellerie
1 rote Zwiebel
1 Knoblauchzehe
2 EL Olivenöl
200 g frisches Sauerkraut (nicht erhitzt)
200 g stückige Tomaten (aus der Dose)
2 TL italienische Kräuter
Salz, Pfeffer aus der Mühle
400 ml Gemüsebrühe
1 säuerlicher Apfel (z. B. Elstar)
2 EL Schmand (24 % Fett)
2 EL Schnittlauchröllchen

Pro Portion: ca. 310 kcal,
6 g EW, 19 g F, 23 g KH, 10 g BST

• Das Gemüse je nach Sorte waschen und putzen oder schälen. Möhren schräg in dünne Scheiben, Lauch und Sellerie in ca. ½ cm breite Scheiben schneiden. Zwiebel und Knoblauch schälen und fein würfeln.

• Zwiebel und Knoblauch in einem Topf im heißen Öl bei mittlerer Hitze ca. 2 Minuten dünsten. Möhren, Lauch und Sellerie dazugeben und ca. 3 Minuten mitdünsten. Sauerkraut und Tomaten hinzufügen, mit den Kräutern, Salz und Pfeffer würzen. Mit der Brühe aufgießen, alles aufkochen und bei mittlerer Hitze zugedeckt ca. 15 Minuten köcheln lassen.

• Inzwischen den Apfel waschen, vierteln, entkernen und klein würfeln. In den Topf geben und noch ca. 5 Minuten mitgaren.

• Den Sauerkrauttopf mit Salz und Pfeffer abschmecken. Mit je 1 EL Schmand auf tiefen Tellern anrichten und mit Schnittlauch bestreut servieren.

MISOSUPPE MIT SPROSSEN UND EI

- Die Pilze putzen, abreiben und in dünne Scheiben schneiden. Pak Choi waschen, putzen, den weißen Teil in dünne Scheiben, die Blätter in ca. 2 cm breite Streifen schneiden. Die Frühlingszwiebeln waschen, putzen und in dünne Ringe schneiden. Sprossen in einem Sieb kalt abspülen und gut abtropfen lassen. Tofu trocken tupfen und ca. 1 cm groß würfeln. Das Öl in einer Pfanne erhitzen, darin Tofu, Pilze, Pak Choi, Sprossen und die Hälfte der Zwiebeln bei mittlerer bis starker Hitze in 4–5 Minuten anbraten. Gemüse abgedeckt warm halten. Die Eier mit Wasser bedeckt aufkochen und in 6–7 Minuten wachsweich garen.

- Knoblauch schälen und in dünne Scheiben schneiden, Chilischote waschen, putzen und samt den Kernen in feine Ringe schneiden. Beides mit der Brühe und Sojasauce in einem Topf aufkochen und offen bei mittlerer Hitze ca. 5 Minuten köcheln lassen. Die Misopaste mit 3 EL Wasser verrühren, in die Suppe geben und kurz mit erhitzen, aber nicht kochen.

- Das Koriandergrün abbrausen, trocken schütteln und die Blätter abzupfen. Die Gemüse-Tofu-Mischung auf zwei Schalen verteilen, mit je 250 ml heißer Misobrühe aufgießen. Eier pellen, quer halbieren und auf die Suppe legen. Mit restlichen Frühlingszwiebeln und Koriandergrün bestreut servieren.

Für 2 Personen
Zubereitung: 30 Minuten

125 g braune Champignons
200 g Baby-Pak-Choi
2 Frühlingszwiebeln
50 g Mungobohnensprossen
100 g Tofu natur
2 EL Sesam- oder Rapsöl
2 Eier (Größe M)
1 Knoblauchzehe
1 kleine rote Chilischote
500 ml Gemüsebrühe
2 EL Sojasauce (z. B. Tamari)
1 EL Misopaste (20 g; z. B. Hatcho)
¼ Bund Koriandergrün

Pro Portion: ca. 330 kcal,
19 g EW, 22 g F, 9 g KH, 7 g BST

SÜSSES UND SNACKS

Naschen ohne schlechtes Gewissen

Manchmal braucht es einfach einen süßen „Seelentröster". Aber warum müssen es immer Gummibärchen und Co. sein? Diese schnellen Rezepte sind viel darmgesünder, strapazieren die Bauchspeicheldrüse weniger und machen nachhaltig glücklich. Versprochen!

MOHN-VANILLE-CREME MIT KIRSCHKOMPOTT

In den prallen Sommerfrüchten stecken viele Mineralstoffe, darunter auch Magnesium, Zink und Eisen. Die tiefroten Sauerkirschen sind weniger zuckerhaltig als Süßkirschen (Achtung: Sauerkirschen im Glas sind nachträglich gezuckert, daher besser Tiefkühlware verwenden). Außerdem sind sie reich an Antioxidanzien und enthalten Polyphenole wie die Anthocyane, weshalb sie umso effektiver Entzündungen entgegenwirken können. Echtes Superfood!

Für 2 Personen
Zubereitung: 30 Minuten

20 g brauner Rohrohrzucker (z. B. Mascobado)
75 ml ungesüßter Sauerkirschsaft
1 Sternanis
1 TL Johannisbrotkernmehl
2 EL frisch gepresster Orangensaft
150 g tiefgekühlte Sauerkirschen
1 EL gehobelte Mandeln
½ Vanilleschote
250 g Magerquark
1 EL flüssiger Honig
1 EL Limettensaft
3 TL gemahlener Mohn
50 g Sahne
4 Minzeblätter

Pro Portion: ca. 380 kcal,
18 g EW, 16 g F, 38 g KH, 4 g BST

• Für das Kompott den Zucker in einem kleinen Topf bei mittlerer Hitze karamellisieren lassen, bis er zu schmelzen beginnt. Mit dem Kirschsaft ablöschen, den Sternanis zugeben und so lange kochen lassen, bis sich der Karamell wieder gelöst hat. Das Johannisbrotkernmehl mit dem Orangensaft glatt rühren, in den kochenden Saft rühren und nochmals kurz aufkochen lassen. Dann die Kirschen dazugeben, das Kompott in eine Schüssel füllen und abkühlen lassen. Den Sternanis entfernen.

• Die Mandeln in einer kleinen Pfanne ohne Fett bei mittlerer Hitze goldbraun anrösten. Vom Herd nehmen und beiseitestellen.

• Für die Quarkcreme die Vanilleschote der Länge nach aufschlitzen und das Mark herauskratzen. Quark, Vanillemark, Honig, Limettensaft und 2 TL Mohn mit den Quirlen des Handrührgeräts cremig verrühren. Die Sahne steif schlagen und unterheben.

• Die Quarkcreme und das Kirschkompott abwechselnd in mehreren Lagen in zwei Gläser (à 300 ml) schichten, Kirschkompott obendrauf geben. Mit den Mandelblättchen und übrigem Mohn bestreuen und mit Minzeblättern garniert servieren.

MANDEL-PUDDING MIT ERDBEEREN

Für 2 Personen
Zubereitung: 30 Minuten
Kühlen: 1 Stunde

200 ml ungesüßter Mandeldrink
100 g Sahne
1 EL Orangensaft
20 g brauner Rohrohrzucker (z. B. Mascobado)
½ TL gemahlener Kardamom
½ TL Agar-Agar-Pulver
200 g Erdbeeren
½ TL gemahlene Vanille
15 g Pistazienkerne (ungesalzen)

Pro Portion: ca. 295 kcal,
4 g EW, 21 g F, 19 g KH, 3 g BST

- Mandeldrink, Sahne, Orangensaft, Zucker und Kardamom in einem kleinen Topf verrühren und unter Rühren aufkochen lassen. Agar-Agar-Pulver mit 2 EL Wasser glatt rühren und dazugeben, unter Rühren bei milder Hitze ca. 2 Minuten köcheln lassen.

- Die Mandelmischung in Schalen füllen, etwas abkühlen lassen, dann ca. 1 Stunde abgedeckt in den Kühlschrank stellen.

- Für das Topping die Erdbeeren waschen und putzen. 50 g Erdbeeren abnehmen, den Rest je nach Größe halbieren oder vierteln und mit der Vanille in einem hohen Rührgefäß mit dem Stabmixer fein pürieren. Pistazien grob hacken.

- Vor dem Servieren das Erdbeerpüree auf dem Pudding verteilen, mit den Erdbeerstücken belegen und mit Pistazien bestreuen.

SEIDIGE TOFU-MOKKA-MOUSSE

Für 2 Personen
Zubereitung: 30 Minuten
Kühlen: 2 Stunden

40 g Zartbitterschokolade (mind. 70 % Kakaoanteil)
250 g Seidentofu
1 EL Kakaopulver (schwach entölt)
1 TL fein geriebene Bio-Orangenschale
¼ TL gemahlene Vanille
2 EL Birnendicksaft
2 EL flüssiger abgekühlter Espresso
1 Eiweiß (Größe M)
1 Prise Salz
2 Feigen
1 EL Granatapfelkerne

Pro Portion: ca. 270 kcal,
14 g EW, 9 g F, 31 g KH, 5 g BST

- Die Schokolade grob hacken, in einer Schüssel über einem heißen, aber nicht kochendem Wasserbad schmelzen, dann etwas abkühlen lassen.

- Seidentofu, Kakao, Orangenschale, Vanille, Birnendicksaft und Espresso mit den Quirlen des Handrührgeräts cremig schlagen. Die flüssige Schokolade zur Tofumasse geben und unterrühren.

- Das Eiweiß mit dem Salz steif schlagen und den Eischnee dann unter die Tofumasse heben. In Gläser füllen und 2 Stunden abgedeckt kalt stellen.

- Vor dem Servieren die Feigen waschen, putzen und in feine Spalten schneiden. Auf der Mousse verteilen und mit den Granatapfelkernen bestreut servieren.

FROZEN JOGHURT MIT HEIDELBEEREN

Für 4 Personen (ca. 600 ml)
Zubereitung: 20 Minuten
Vorkühlen: 30 Minuten
Gefrieren: 45 Minuten (Eismaschine) oder 2–3 Stunden (Tiefkühler)

300 g tiefgekühlte Wild-Heidelbeeren
50 ml Birnendicksaft
½ Bio-Zitrone
300 g stichfester Joghurt (3,5 % Fett)
100 g griech. Joghurt (10 % Fett)
½ TL gemahlene Vanille
etwas Minze zum Garnieren

Pro Portion: ca. 170 kcal,
5 g EW, 6 g F, 20 g KH, 4 g BST

- Die Heidelbeeren mit dem Birnendicksaft in einen Topf geben. Die Zitrone heiß waschen, trocken reiben, die Schale fein abreiben und den Saft auspressen. Beides ebenfalls in den Topf geben, alles zum Kochen bringen und zugedeckt bei mittlerer Hitze ca. 5 Minuten köcheln lassen.

- Den Heidelbeermix vom Herd nehmen und mit dem Stabmixer fein pürieren. Etwas abkühlen lassen, dann beide Joghurtsorten und die Vanille hinzufügen und gründlich untermixen. Die Masse in eine Gefrierbox mit Deckel füllen und im Kühlschrank ca. 30 Minuten vorkühlen lassen. Die Eismasse anschließend in der Eismaschine in ca. 45 Minuten cremig gefrieren lassen. Das fertige Joghurteis aus der Schale schaben und sofort servieren. Alternativ das Eis in einer Gefrierbox mit Deckel tiefgefrieren. Dazu die vorgekühlte Eismasse ins Gefrierfach stellen und in 2–3 Stunden fest werden lassen, dabei nach jeder Stunde umrühren.

- Zum Servieren von der Eismasse Kugeln abstechen, in Schalen anrichten und mit Minze garniert servieren.

CRUNCHY WALNUSS-SCHOKO-EIS

Für 4 Personen (ca. 500 ml)
Zubereitung: 20 Minuten
Gefrieren: 45 Minuten (Eismaschine) oder 6 Stunden (Tiefkühler)

40 g getrocknete Datteln (ohne Kern)
200 ml ungesüßter Sojadrink
200 ml Sojacreme Cuisine (Sahneersatz auf Sojabasis)
2 EL Walnussöl
½ TL gemahlene Vanille
1 Prise Salz
65 g Walnusskerne
50 g Zartbitterschokolade (mind. 70 % Kakaoanteil)

Pro Portion: ca. 370 kcal,
7 g EW, 29 g F, 16 g KH, 4 g BST

- Datteln in kleine Stücke schneiden, in eine Schüssel geben, mit heißem Wasser übergießen und ca. 10 Minuten einweichen. Dann die Datteln abgießen, mit 100 ml Sojadrink in einem hohen Rührgefäß mit dem Stabmixer fein pürieren. Nach und nach den übrigen Sojadrink, Sojacreme und Walnussöl untermixen, mit Vanille und Salz würzen.

- Die Masse in eine Schale oder Kastenform füllen und im Tiefkühlfach mind. 6 Stunden gefrieren lassen, dabei jede Stunde mit einem Schneebesen durchrühren. Alternativ die Masse in der Eismaschine ca. 45 Minuten cremig gefrieren.

- Inzwischen die Walnüsse in einer Pfanne ohne Fett bei mittlerer Hitze ca. 5 Minuten rösten, bis sie anfangen zu duften. Abkühlen lassen und fein hacken. Die Schokolade fein hacken, mit 50 g Nüssen nach 2 Stunden Gefrierzeit (im Tiefkühler) oder nach 30 Minuten (in der Eismaschine) unter die Eiscreme rühren.

- Die fertige Eiscreme in eine Gefrierbox mit Deckel füllen und im Tiefkühler fest werden lassen. Zum Servieren Kugeln abstechen und in Schalen anrichten. Mit gerösteten Walnüssen bestreut servieren.

BANANEN-NUSS-BROT MIT BROMBEEREN

Haselnüsse sind wie alle Nüsse eine sehr wertvolle Eiweiß-, Ballast- und Mineralstoffquelle. Bananen enthalten eine große Portion Kalium für die Nerven und sind gleichzeitig natürliches Süßungsmittel. Und mit den Brombeeren versteckt sich dank ihrer antientzündlichen Anthocyane noch ein dritter Gute-Laune- und Gesundmacher im Kuchenteig. So macht Naschen Spaß!

Für 1 Kastenform
(30 cm lang; 20 Scheiben)
Zubereitung: 20 Minuten
Backen: 50–60 Minuten

200 g Dinkelvollkornmehl
50 g Dinkelmehl (Type 1050)
100 g gemahlene Mandeln
2 TL Weinstein-Backpulver
½ TL Zimtpulver
1 TL fein geriebene Bio-Orangenschale
3 reife Bananen (ca. 500 g)
60 ml Milch (3,5 % Fett)
2 Eier (Größe M), 80 ml Rapsöl
4 EL Birnendicksaft
150 g Brombeeren (frisch oder tiefgefroren)
60 g Haselnusskerne
2 EL gehobelte Haselnüsse

Pro Scheibe (à 55 g): ca. 180 kcal, 5 g EW, 10 g F, 16 g KH, 2 g BST

- Den Backofen auf 180 °C vorheizen. Die Form mit Backpapier auslegen. Beide Mehlsorten mit den Mandeln, Backpulver, Zimt und Orangenschale in einer Rührschüssel mischen.

- Die Bananen schälen und grob in Stücke schneiden. Mit der Milch in ein hohes Rührgefäß geben und mit dem Stabmixer fein pürieren. Die Eier und das Öl untermixen. Die Bananenmasse und den Birnendicksaft zur Mehlmischung geben und alles mit den Quirlen des Handrührgeräts glatt verrühren.

- Die Brombeeren verlesen, kurz abbrausen, vorsichtig trocken tupfen und je nach Größe noch quer halbieren. Die gefrorenen Beeren ca. 10 Minuten antauen lassen. Die Nüsse fein hacken und mit den Brombeeren unter den Teig ziehen. Den Teig in die vorbereitete Form füllen und glatt streichen. Mit den Haselnussblättchen bestreuen. Das Bananenbrot im heißen Ofen auf der mittleren Schiene 50–60 Minuten backen (Stäbchenprobe machen!).

- Das Bananenbrot aus dem Ofen nehmen, ca. 10 Minuten abkühlen lassen, dann aus der Form lösen und auf einem Kuchengitter vollständig auskühlen lassen. In Scheiben geschnitten servieren.

SÜSSE KLEINIGKEITEN

GEFÜLLTE WALNUSSDATTELN

Für 6 Stück: 40 g Walnusskerne in einer Pfanne ohne Fett bei mittlerer Hitze rösten, dann abkühlen lassen. Die Nüsse, 1 TL fein geriebene Bio-Orangenschale, 2 TL Orangensaft, 2 TL flüssigen Honig und 1 EL Olivenöl im Blitzhacker fein zerkleinern. 6 Datteln (z. B. Medjoul; ca. 100 g) längs einschneiden, den Stein entfernen. Die Creme mit einem Teelöffel in die Datteln füllen und leicht festdrücken.

Pro Stück: ca. 110 kcal,
1 g EW, 6 g F, 12 g KH, 2 g BST

MINI-APRIKOSEN-MANDEL-RIEGEL

Für 16 Stück: 12 Soft-Aprikosen (ca. 90 g) in kleine Stücke schneiden und mit 30 g Pistazienkernen im Blitzhacker fein zerkleinern. Aprikosen-Pistazien-Mischung, 100 g gemahlene Mandeln, 2 EL Chiasamen und 3 EL zarte Haferflocken in eine Schüssel geben. Je 2 EL Ahornsirup und Wasser hinzufügen und alles gut miteinander verkneten. Die Masse auf einem Küchenbrett ca. 1 cm dick rechteckig (ca. 18 x 14 cm) flach drücken, in 16 Riegel (à ca. 4 ½ x 3 cm) schneiden und 2 Stunden kalt stellen. Die Riegel halten sich kühl und trocken gelagert 2–3 Wochen.

Pro Stück: ca. 85 kcal,
3 g EW, 5 g F, 6 g KH, 3 g BST

ZITRONEN-CASHEW-BALLS

Für 16 Stück: 125 g Cashewkerne und 30 g Kokosraspel im Blitzhacker fein hacken. 1 Bio-Zitrone heiß waschen, abtrocknen, Schale fein abreiben und Saft auspressen, beides mit 10 g fein geriebenem Ingwer, 1 EL Rohrohrzucker (z. B. Mascobado), 1 TL Kurkumapulver und 2 EL Sesamöl zum Kokos-Cashew-Mix geben und im Blitzhacker zu einer geschmeidigen Masse verarbeiten. 20 g geschälte gemahlene Mandeln kurz untermischen. Aus der Masse mit angefeuchteten Händen 16 Bällchen formen, in 20 g Kokosraspeln wälzen und 1 Stunde kalt stellen. Im Kühlschrank halten sich die Balls ca. 2 Wochen.

Pro Stück: ca. 90 kcal,
2 g EW, 8 g F, 3 g KH, 1 g BST

ENERGIEBÄLLCHEN MIT LEINSAMEN

Für 12 Stück: 100 g Walnusskerne und 60 g Rosinen im Blitzhacker zerkleinern, dann 40 g geschroteten Leinsamen, 40 g Erdnussmus, 2 Prisen Zimtpulver, 2 EL geschälte Hanfsamen sowie 1–2 EL Wasser dazugeben und kurz untermixen. Aus der Masse mit angefeuchteten Händen 12 Kugeln formen und 1 Stunde in den Kühlschrank legen. Luftdicht und kühl aufbewahrt halten sie sich mind. 2 Wochen.

Pro Stück: ca. 120 kcal,
4 g EW, 10 g F, 7 g KH, 2 g BST

TIPP

Lust auf Süßes? Dann versuchen Sie bis zur nächsten Mahlzeit durchzuhalten und naschen Sie dann eine dieser Kleinigkeiten als Minidessert. Der Vorteil: Sie treiben den Blutzucker zwischendurch nicht extra in die Höhe und das wirkt unter anderem auch harmonisierend auf die psychische Verfassung.

PIKANTE KNABBEREIEN

ORIENTALISCHE GEWÜRZNÜSSE

Für ca. 150 g: Den Backofen auf 170 °C vorheizen. 250 g Nusskernmischung (z. B. Cashewkerne, Haselnüsse, Mandeln, Kürbiskerne) in einer Schüssel mit 1 EL Rapsöl, 1 EL Ahornsirup, ½ TL Salz, 1 TL geräuchertem Paprikapulver und 1 TL Ras el Hanout (ersatzweise Currypulver) gründlich mischen. Auf einem mit Backpapier belegten Blech verteilen und im Ofen auf der 2. Schiene von unten 12–15 Minuten rösten, dabei ein- bis zweimal wenden. Die Nüsse herausnehmen, vollständig auskühlen lassen und in einer Dose oder einem Twist-off-Glas kühl und luftdicht aufbewahren. Sie halten sich 3–4 Wochen.

Pro Portion (à 25 g): ca. 280 kcal,
10 g EW, 24 g F, 6 g KH, 3 g BST

SCHARFE RÖSTKICHERERBSEN

Für ca. 175 g: Den Backofen auf 200 °C vorheizen. 250 g Kichererbsen (aus Glas oder Dose) in einem Sieb unter kaltem Wasser abspülen und gut abtropfen lassen. In eine Schüssel geben und mit 1 ½ EL Olivenöl, 1 TL gemahlenem Kreuzkümmel, 1 TL edelsüßem Paprikapulver und ½ TL Chilipulver vermischen, salzen und pfeffern. Kichererbsen in einer kleinen Auflaufform verteilen und im Ofen auf der mittleren Schiene 25–30 Minuten rösten, nach der Hälfte der Backzeit einmal umrühren. Abkühlen lassen und in einem Twist-off-Glas kühl und luftdicht lagern. Sie halten sich 2–3 Wochen.

Pro Portion (à 25 g): ca. 70 kcal,
3 g EW, 3 g F, 7 g KH, 2 g BST

GERÖSTETE EDAMAME MIT SESAM

Für ca. 125 g: Den Backofen auf 220 °C vorheizen. 250 g tiefgekühlte Edamamekerne in kochendem Salzwasser ca. 1 Minute blanchieren, abgießen, abschrecken und gut abtropfen lassen. In einer Schüssel mit 1 EL Sesam- oder Rapsöl, je 1 EL hellem und schwarzem Sesam, 1 TL geröstetem Sesamöl und ½ TL Salz verrühren, Edamame mit der Gewürzmischung gut vermengen. Auf einem mit Backpapier belegten Blech verteilen, im Ofen auf der mittleren Schiene ca. 15 Minuten backen und leicht bräunen. Herausnehmen, abkühlen lassen und in eine Schale oder ein Glas füllen. Sie halten sich ca. 1 Woche.

Pro Portion (à 25 g): ca. 105 kcal,
6 g EW, 7 g F, 5 g KH, 3 g BST

PIZZA-ENERGYBALLS

Für 12 Stück: 90 g weiße Bohnen (z. B. Cannellini; aus Glas oder Dose) in einem Sieb kalt abbrausen und gut abtropfen lassen. 50 g Walnusskerne hacken. 25 g getrocknete Tomaten (in Öl) abtropfen lassen und klein schneiden. In einem Blitzhacker 2 EL zarte Haferflocken zu Mehl mahlen. Bohnen, Nüsse, Tomaten, 2 EL fein geriebenen Parmesan, 2 TL Tomatenmark, 1 TL getrockneten Oregano und 2 EL Wasser dazugeben, mit Salz und Pfeffer würzen. Das Ganze im Blitzhacker zu einer geschmeidigen glatten Masse pürieren. Daraus mit angefeuchteten Händen kleine Kugeln formen und diese dann in 20 g gemahlenen Walnüssen wälzen. Im Kühlschrank aufbewahren. Sie halten sich 10–14 Tage.

Pro Stück: ca. 70 kcal,
3 g EW, 5 g F, 3 g KH, 1 g BST

SAISONKALENDER:

Gemüse und Salate

	JAN	FEB	MÄR	APR	MAI	JUN	JUL	AUG	SEP	OKT	NOV	DEZ
Aubergine						●	●	●	●	●		
Blumenkohl						●	●	●	●	●		
Bohne, grüne							●	●	●	●		
Brokkoli						●	●	●	●	●		
Chicorée	●	●	●	●	○	○	○	○	○	●	●	●
Champignons	●	●	●	●	●	●	●	●	●	●	●	●
Erbse						●	●	●				
Feldsalat	●	●	●							●	●	●
Fenchel					●	●	●	●	●	●	●	
Frühlingszwiebel					●	●	●	●	●	●		
Grünkohl	●										●	●
Hokkaido									●	●	●	●
Kartoffel	○	○	○	○	○	●	●	●	●	●	○	○
Knollensellerie	●	●	●	○	○	○	○	○	●	●	●	●
Kohlrabi				●	●	●	●	●	●			
Kopfsalat						●	●	●	●			
Mairübe					●	●	●					
Mangold					●	●	●	●	●	●		
Meerrettich	●	●									●	●
Möhre	○	○	○	○	○	●	●	●	●	●	○	○
Paprikaschote							●	●	●	●		
Pastinake	○	○	○	○				●	●	●	○	○
Petersilienwurzel	●	●								●	●	●
Porree/Lauch	○	○	○	○	○	○	○	●	●	●	●	●

Freilandware ● Lagerware ○

	JAN	FEB	MÄR	APR	MAI	JUN	JUL	AUG	SEP	OKT	NOV	DEZ
Portulak					●	●	●	●	●	●		
Radicchio						●	●	●	●	●		
Radieschen				●	●	●	●					
Rettich	○	○	○	○	○	●	●	●	●	○	○	○
Romana-/Römersalat						●	●	●	●	●	●	
Romanesco					●	●	●	●	●	●		
Rosenkohl	●	○	○						●	●	●	●
Rote Bete	●	●	●	○	○	○	○	○	●	●	●	●
Rotkohl	●	●	●	○	○	○	○	○	●	●	●	●
Rucola					●	●	●	●	●	●		
Salatgurke					●	●	●	●				
Schalotte						●	●	●	●			
Spargel			●	●	●	●						
Spinat				●	●	●	●	●	●	●		
Spitzkohl	○	○			●	●	●	●	●	●	○	○
Staudensellerie							●	●	●	●		
Steckrübe	○	○	○						●	●	●	●
Steinpilz								●	●	●		
Süßkartoffel	●	●	●	●	●	●	●	●	●	●	●	●
Tomate							●	●	●			
Weißkohl	●	●	●	○	○	○	○	○	●	●	●	●
Wirsing	●	●	●	○	○	○	●	●	●	●	●	●
Zucchini						●	●	●	●			
Zucker-/Kaiserschote					●	●						
Zwiebel	●	●	●	●	●	○	○	●	●	●	●	●

MEIN ERNÄHRUNGSTAGEBUCH *(Kopiervorlage)*

Datum: ....

Montag	Dienstag	Mittwoch	Donnerstag	Freitag	Samstag	Sonntag

Das habe ich heute gegessen und getrunken:

MORGENS

....

....

Wie habe ich mich davor gefühlt? ☺ 😐 ☹ Und danach? ☺ 😐 ☹

MITTAGS

....

....

Wie habe ich mich davor gefühlt? ☺ 😐 ☹ Und danach? ☺ 😐 ☹

ABENDS

....

....

Wie habe ich mich davor gefühlt? ☺ 😐 ☹ Und danach? ☺ 😐 ☹

SNACKS

....

....

Wie habe ich mich davor gefühlt? ☺ 😐 ☹ Und danach? ☺ 😐 ☹

Das war heute dabei:

Gemüse ◯ Obst ◯ Komplexe Kohlenhydrate ◯ Ballaststoffe ◯ Omega 3 ◯

War ich aktiv?

....

Notizen:

....

Datum: ....

Montag	Dienstag	Mittwoch	Donnerstag	Freitag	Samstag	Sonntag

Das habe ich heute gegessen und getrunken:

MORGENS

....

....

Wie habe ich mich davor gefühlt? ☺ 😐 ☹ Und danach? ☺ 😐 ☹

MITTAGS

....

....

Wie habe ich mich davor gefühlt? ☺ 😐 ☹ Und danach? ☺ 😐 ☹

ABENDS

....

....

Wie habe ich mich davor gefühlt? ☺ 😐 ☹ Und danach? ☺ 😐 ☹

SNACKS

....

....

Wie habe ich mich davor gefühlt? ☺ 😐 ☹ Und danach? ☺ 😐 ☹

Das war heute dabei:

Gemüse ◯ Obst ◯ Komplexe Kohlenhydrate ◯ Ballaststoffe ◯ Omega 3 ◯

War ich aktiv?

....

Notizen:

....

....

....

SACHREGISTER

REZEPTREGISTER

BACKOFEN-HINWEIS

Die Temperaturangaben in den Rezepten beziehen sich auf das Backen im Elektroherd mit Ober- und Unterhitze. Bei Umluft muss die Temperatur 20 °C niedriger eingestellt werden. Je nach Herd können die Backzeiten variieren.

ANMERKUNG

Die Ratschläge in diesem Buch wurden mit größter Sorgfalt von Autor und Verlag erarbeitet und geprüft. Eine Garantie kann jedoch nicht übernommen werden. Ebenso ist eine Haftung des Autors bzw. des Verlags und seiner Beauftragten für Personen-, Sach- oder Vermögensschäden ausgeschlossen. Erkrankungen mit ernstem Hintergrund gehören in ärztliche Behandlung! Bei bereits bestehenden Beschwerden kann das Buch daher keinen fachärztlichen Rat ersetzen.

AUSGEWÄHLTE LITERATUR

- Barnes LL et al (2023): Trial of the MIND Diet for Prevention of Cognitive Decline in Older Persons. New England Journal of Medicine; 389:602-611
- BfR (2023): Präparate mit Omega-3-Fettsäuren können bei Herzpatienten das Risiko für Vorhofflimmern erhöhen. 16. November. Online: https://www.bfr.bund.de/cm/343/praeparate-mit-omega-3-fettsaeuren-koennen-bei-herzpatienten-das-risiko-fuer-vorhofflimmern-erhoehen.pdf (Zugriff am 9.1.2024)
- Bullmore E (2018): The Inflamed Mind. A radical new approach to depression. Short Books London
- Chang SC et al (2016): Dietary flavonoid intake and risk of incident depression in midlife and older women. Am J Clin Nutr. September; 104(3): 704-714
- Cheung SG et al (2019): Systematic review of gut microbiota and major depression. Frontiers in Psychiatry; 10:34
- Choudhary AK, Lee YY (2017): Neurophysiological symptoms and aspartame: what is the connection? Nutritional Neuroscience;21(5):306-316
- Cordova R et al (2023): Consumption of ultra-processed foods and risk of multimorbidity of cancer and cardiometabolic diseases: a multinational cohort study. The Lancet Regional Health Vol 35, November 13
- Domschke K (2021): Update Angsterkrankungen - aktueller Stand und neue Entwicklungen. Nervenarzt. 2021; 92(5): 415-416
- Eberli F (2023): Omega-3-Fettsäuren: chronischer Hype ohne Evidenz? Eine Übersicht der Studienlage. Swiss Medical Forum, 26. April
- Enserink M (2011): Your Gut Bacteria Are What You Eat. Diet influences the makeup of people's intestinal flora. Science 1 Sept.
- Healey D (2015): Serotonin and Depression. BMJ; 350:h1771
- Hilimire MR, DeVylder JE, Forestell CA (2015): Fermented foods, neuroticism, and social anxiety: an interaction model. Psychiatry Research;228(2):203-208
- Iguacel I et al (2021): Vegetarianism and veganism compared with mental health and cognitive outcomes: a systematic review and meta-analysis. Nutr Rev. Mar 9;79(4):361-381
- Inchauspé J (2022): Der Glukose-Trick. Heyne München
- Kirsch I et al (2008): Initial severity and antidepressant benefits: a meta-analysis of data submitted to the Food and Drug Administration. PLoS Med Feb;5(2):e45
- Lach G, Schellekens H, Dinan TG, Cryan JF (2017): Anxiety, depression, and the microbiome: a role for gut peptides. Neurotherapeutics; 15(1):36-59

- Lasalle C et al (2019): Healthy dietary indices and risk of depressive outcomes: a systematic review and meta-analysis of observational studies. Molecular Psychiatry volume 24, 965–986
- Lee M et al (2023): Is dietary quality associated with depression? An analysis of the Australian Longitudinal Study on Women's Health data. Br J Nutr. Apr 28; 129(8): 1380-1387
- Lingou L et al (2023): Effect of flaxseed supplementation on blood pressure: a systematic review, and dose-response meta-analysis of randomized clinical trials. Review Food Funct Jan 23;14(2):675-690
- Moncrieff J, Cooper RE, Stockmann T et al (2023): The serotonin theory of depression: a systematic umbrella review of the evidence. Mol Psychiatry 28, 3243–3256 (2023).
- Monteiro C et al (2018 b): The UN Decade of Nutrition, the NOVA food classification and the trouble with ultra-processing. Public Health Nutr Jan;21(1):5-17
- Monteiro C et al (2019): Ultra-processed foods: what they are and how to identify them. In: Public Health Nutr. Apr;22(5):936-941
- Munkholm K, Paludan-Müller AS, Boesen K (2019): Considering the methodological limitations in the evidence base of antidepressants for depression: a reanalysis of a network meta-analysis. BMJ Open Jun 27;9(6):e024886
- Naidoo U (2021): Ernährung für die Psyche. Richtig essen für seelisches Wohlbefinden. Riva München
- Naidoo U (2023): Calm your mind with food. New York
- Nigg JT, Lewis K, Edinger T, Falk M (2012): Meta-analysis of attention-deficit/hyperactivity disorder or attention-deficit/hyperactivity disorder symptoms, restriction diet, and synthetic food color additives. Journal of the American Academy of Child and Adolescent Psychiatry; 51(1): 86-97.e8
- Ocklenburg S, Borawski J (2021): Vegetarian diet and depression scores: A meta-analysis. Journal of Affective Disorders, Volume 294, 498–499
- O'Neill S et al (2022): Depression, Is It Treatable in Adults Utilising Dietary Interventions? A Systematic Review of Randomised Controlled Trials. Nutrients 14(7), 1398
- Pelsser LM, Frankena K, Toorman J, Rodrigues Pereira R (2017): Diet and ADHD, reviewing the evidence: a systematic review of meta-analyses of double-blind placebo-controlled trials evaluating the efficacy of diet interventions on the behavior of children with ADHD. PLoS One, Jan 25;12(1):e0169277
- Popkin BM et al (2021): Toward unified and impactful policies for reducing ultraprocessed food consumption and promoting healthier eating globally. Lancet Diabetes Endocrinol. 2021 Jul; 9(7): 462-470
- Poti J, Braga B, Qin B (2017): Ultra-processed Food Intake and Obesity: What Really Matters for Health-Processing or Nutrient Content? Curr Obes Rep. Dec; 6(4): 420-431
- Seddon N et al (2019): Effects of curcumin on cognitive function—a systematic review of randomized controlled trials. Exploratory Research and Hypothesis in Medicine;4(1):1

- Taylor AM, Holscher HD (2018): A review of dietary and microbial connections to depression, anxiety, and stress. Nutritional Neuroscience. July:1-14
- University of Southampton (2007): Major study indicates a link between hyperactivity in children and certain food additives. 6. September. Online: https://www.southampton.ac.uk/news/2007/09/hyperactivity-in-children-and-food-additives.page (Zugriff 9.1.2024)
- Varesi A et al (2023): The brain-gut-microbiota interplay in depression: A key to design innovative therapeutic approaches. Pharmacol Res Jun; 192:106799
- Willett W et al (2019): Food in the Anthropocene: the EAT-Lancet Commission on healthy diets from sustainable food systems. The Lancet, vol 393 iss 10170, 447-492
- Yang A (2022): How sugar and fat affect your brain. In: National Geographic, 29.12.

Infos im Internet

- Infos und Anleitung zum Buchinger-Fasten: https://www.aok.de/pk/magazin/ernaehrung/ernaehrungsformen/heilfasten-nach-buchinger-wie-es-funktioniert-und-was-es-bringt/
- Liste hochverarbeiteter Fertigprodukte (UPFs): https://de.openfoodfacts.org/

DANK

Für dieses Buch wurde nicht nur viel diskutiert, sondern auch zusammen gekocht und gegessen. Das ist praktische Wissenschaft! Mein Dank also meinen „Influencern“: Dr. Heidemarie Haller (Forschungsleiterin und Psychologin), Dr. med. Kristin Hüninghaus, (Internistin und Ernährungsmedizinerin), Ayscha Lucas-Gesing (Mind-Body-Therapeutin), Sylvie Hinderberger (Lektorat), Dr. rer. medic. Anna Paul (Mind-Body-Therapeutin), Christiane Pithan (Ökotrophologin und Mind-Body-Therapeutin), Dr. med. Thomas Rampp (Allgemeinmedi ziner), Jessica Wittek (Pflegekraft), Jens Schadendorf (Berater), Andrea Sippel (Büroleiterin), Dr. rer. pol. Petra Thorbrietz (Text und Recherche), Merle Vollgraf (Ernährungswissenschaftlerin).

Prof. Dr. med. Jochen Werner (Ärztlicher Direktor der Unimedizin Essen) danke ich für seinen Mut und sein Engagement für unsere gemeinsamen Themen. Unterstützt hat mich wie stets auch meine Familie, und Martina Kittler hat die wunderbaren Rezepte für uns entwickelt. Mit Karin, Aniko und Marika haben wir gemeinsam gekocht und viele davon ausprobiert.

ZUM AUTOR

Hochachtung vor dem, was der Mensch selbst für sich tun kann – der Arbeit von **Prof. Dr. med. Gustav Dobos** kommt diese Beschreibung wohl am nächsten. Mit Engagement hat er sich der Naturheilkunde verschrieben, sie erforscht, vieles davon wissenschaftlich begründet und es so geschafft, sie in die naturwissenschaftlich orientierte Hochleistungsmedizin zu integrieren. Prof. Dobos hat die traditionellen Heilverfahren mit den modernen Erkenntnissen der Mind-Body-Medizin kombiniert: Gehirnforschung, Psychoneuroimmunologie und Ernährungswissenschaften. Er war mehr als 20 Jahre lang Chefarzt an den Evangelischen Kliniken Essen-Mitte und hat dort vor allem schwerchronisch kranke Menschen behandelt. Heute leitet er ein Zentrum für Naturheilkunde und Integrative Medizin am Universitätsklinikum Essen. Dr. Petra Thorbrietz, Wissenschaftsjournalistin aus München, begleitet seine Arbeit seit 15 Jahren.

Weitere Bücher des Autors:

→ Das Anti-Angst-Buch

IMPRESSUM

Hinter jedem tollen Buch steckt ein starkes Team

Projektleitung: *Kathrin Ullerich, Simone Bauer*
Texte: *Dr. Petra Thorbrietz*
Rezeptentwicklung: *Martina Kittler*
Lektorat: *Sylvie Hinderberger*
Redaktionelle Mitarbeit: *Christiane Pithan*
Covergestaltung: *Katharina Fesl*
Grafische Gestaltung: *Ina Zimmermann*
Satz: *Christopher Hammond*
Rezeptfotos: *Mathias Neubauer*
Foodstyling: *Andreas Neubauer, Manuel Weyer*
Illustrationen: *Pauline Karlson, Shutterstock*
Porträtfotos Prof. Dobos: *31Media GmbH, Michael Wilfling*
Herstellung: *Frank Jansen*
Producing: *Jan Russok*
Druck & Bindung: *optimal media GmbH, Röbel*

1. Auflage 2024

Kaiserstraße 14 b
D-80801 München
ISBN: 978-3-96584-420-9

BILDNACHWEIS

Shutterstock: S. 30, 31, 35, 37, 40, 41, 42, 43, 44, 45, 46, 47, 49

FOOD FOTOS

Im Buch enthaltene Fotos können zur eigenen Nutzung erworben werden unter *www.stockfood.de*

LIEBE LESERINNEN, LIEBE LESER,

wie schön, dass Sie ein Buch von ZS in den Händen halten. „Jetzt leben!" ist das Motto unseres Verlages. Es steht für Genuss und Inspiration, Unterstützung und Motivation. Ob Kulinarik oder Fitness, Gesundheit oder Lebenshilfe – seit über 30 Jahren bieten wir kompetente Ratgeber für (fast) alle Lebenslagen. Wir lieben Tradition genauso wie Innovation – sie treiben uns an. Unsere Autorinnen und Autoren sind Menschen, die zu ihrem Thema wirklich etwas zu sagen und zu schreiben haben. Unsere Produkte sind erzählerisch, appetitmachend und als gedruckte Bücher haptisch echte Erlebnisse. Für Sie mit ganz viel Liebe gemacht! Entdecken Sie mehr aus unserer wunderbaren Welt!

UNSER VERLAGSHAUS

Mit Standorten in Hamburg und München zählt die Edel Verlagsgruppe zu den größten unabhängigen Buchanbietern Deutschlands. Zur Gruppe gehören die Verlage Dr. Oetker Verlag, Edel Sports, KARIBU und ZS.

ZS - Ein Verlag der Edel Verlagsgruppe
www.zsverlag.de
www.facebook.com/zsverlag
www.instagram.com/zsverlag

FÜR DIE UMWELT

ZS unterstützt bei der Produktion dieses Buches das Projekt „Junge Riesen für die nächsten 100 Jahre" im Naturpark Nossentiner/Schwinzer Heide. Damit wird ein Anteil der unvermeidbaren CO_2-Emissionen im direkten Umfeld des Produktionsstandortes kompensiert.

PARTNER
Naturpark Nossentiner / Schwinzer Heide
www.optimal-media.com/naturschutzprojekt-001

NEWSLETTER

Was koche ich heute Feines? Und wie geht das – schmackhaft und gesund?

Melden Sie sich jetzt zum ZS-Genuss-Service an und verpassen Sie keine kulinarischen und gesundheitlichen Trends mehr.
Wir informieren Sie regelmäßig über unsere Neuerscheinungen, Aktionen oder Gewinnspiele und verraten Ihnen unsere Lieblingsrezepte!

GEWINNEN

Unter allen Neuabonnierenden verlosen wir jeden Monat eine *ZS-Genuss-Box* im Wert von 75,00 €.

Jetzt anmelden unter:
www.zsverlag.de/newsletter

oder den QR Code scannen:

ANMELDEN!